# 武術家、身・心・霊を行(ぎょう)ず

ユング心理学からみた
極限体験・
殺傷のなかの救済

老松克博 著

# はじめに――Die Natur verlangt einen Tod.

## 武術の変貌

武術は人を惹きつけてやまない。あまり関心がないという向きもあるかもしれないが、いったん縁ができると、それはときとして生涯にわたって続くものとなる。力に頼らないので、流儀、流派によっては齢を重ねても上達することが可能だし、歳月とともにますます円熟して、神さびているとでも言うほかはない境位に到る武術家もいる。

そういう場合には若い武術家の闘気のみなぎる姿とは異なる静謐さがあって、それもこれも同じく武術であるという事実がなんとも不思議な説得力をもって迫ってくる。そこには、「それ」と「これ」とが矛盾なく両立しうる共通の尺度があるようである。武術を修めるなら、それゆえに、長い時間をかけて練り続けるのがおもしろい。

武術は他者を殺傷するための冷徹な技術体系である。いついかなる状況においても遣いこなせるようになるには、身体面での稽古のみならず、心的な修練を重ねることが必要となる。身体面で鍛錬が必要であることは言を俟たない。一方、心的な修練は、不動心などという語で表現されるように、相手からの刺激によって誘発される心理的反応、つまり反射的に起きる心の動きを一定範囲内に抑えるための努力、もしくは逆にそうした反応を利用するための工夫であり、その必要性もまた理解しやすい。

身体の稽古や心の稽古は、武術を志す者なら誰もが多かれ少なかれ実践している。ところが、もう一つ、霊の稽古となるとどうだろうか。かつての武術家にとって、霊的な修練、霊性の修行は、おそらく当然のことだった。それは、身体や心の稽古を積むことと同様に、武術と呼ばれるものの不可欠の一部を成していた。ところが、時代を下ると、合理主義の隆盛もあって、武術における霊的な側面は忘れられていくことになる。

この傾向は近代武道にあっては甚だしい。明治維新によって従来の身分制度が廃止され、武術の担い手だった武士階級は消滅した。文明の世に変わり、ものごとの考え方が合理的になると、武術が生き延びていくには、それまでとは異なる新しい領域で有用性をアピールするしかない。そこで、健全な心身の育成を謳い、生理学的、人体構造学的な観点から術の体系を説明し直すこととなった（寒川 2017）。

近代武道においては、流派ごと、師匠ごと、地域ごとに多様だった無数の技を整理し単純化して統一するとともに、武術本来の危険な技は封印し、段位制を導入することによって全国レベルでの普及が図られた。戦略は功を奏した。しかし、このとき、武術の柱の一つだった古来の霊性が顧みられなくなり、精神論や人格論（武道は人格を陶冶するといった）に置き換えられてしまったことを見逃すわけにはいかない。

ところが、その近代武道も、第二次世界大戦におけるわが国の敗北によって大きな危機に見舞われる。アメ

図1　今武蔵、國井善弥（關 2009 より）

リカの占領政策によって武道は禁じられた。武道の人格論が強調する上下関係への（ひいては天皇への）忠誠が、アメリカの目指す民主主義的なあり方から程遠かったのが一因である。かろうじて活路が見出されたのは、競技会用の統一ルールを設けてスポーツ化するという方向性においてだった。

ここでも古来の霊性などは問題外だった。いや、神道にも通じる霊的な側面などは、もはや忌避の対象となっていた。そのようなとき、ＧＨＱの武道禁止政策に対して一つの風穴を開けたのが、明治維新以後の不遇な時代を生き延びてきたひとりの古武術家だったことは歴史の皮肉である。古武術家の名は國井善弥（くにいぜんや）、「今武蔵」と異名をとる鹿島神流の遣い手だった（図1）。國井は、わが国の武道、武術の包容同化の精神を示すため海兵隊の格闘技指導者と対戦し、あっという間に制してしまう。このときの國井の姿がＧＨＱに感銘を与え、武道禁止政策見直しの契機となった（關 2009）。

鹿島神流はわが国の武術の淵源の一つとされている。一説によると、わが国の武術は、飛鳥時代から平安時代にかけて東国で招集された防人に授けられた戦闘術にはじまる。彼らは鹿島神宮（茨城県）や香取神宮（千葉県）で戦勝祈願と戦闘訓練をしてから任地へ旅立ったという。武術は鹿島大神、香取大神に由来するとされ、今でも道場と名のつくところには両神宮の掛け軸や神札が祀ってあるのがふつうである。

鹿島神流の祖は、鹿島大神たる武甕槌命を祀る鹿島神宮の神官、國摩真人とされている。國井はその鹿島神流を伝承する師範家だった。若い頃には、神道学者、今泉定助の書生をしていたことがある。また、鹿島神流には「八神殿の行」と呼ばれる霊性の修行法が伝わっており、國井の直弟子にあたる現在の師範家も実践している（關 2009）。

たまたま鹿島神流を例にあげたが、本来、こうした霊性修行があってこその武術である。しかし、霊的な側面が忘れられたのは近代武道においてだけではない。今では、古くから伝わっている武術の諸流派からもほとんど失われてしまっているようである。鹿島神流はむしろ、例外中の例外ということになるらしい。

## Q師範のこと

ただし、流派として定められた組織的な霊性修行が失われてしまっていても、個人のレベルでそれを甦らせようと試みる武術家がいる。あるいは、霊的な側面の必要性を感じて独自のやり方を工夫する武術家も少なくない。武術家と直接向き合ってみたり、演武を目にしたりすると、そのような姿勢ははっきり伝わってくる。では、身体、心、霊という三つの側面における修練が重ねられたとき、いったい何が生じてくるのだろうか。

本書でこれから見ていくのは、戦国時代末期から江戸時代初期にかけて創始されたある武術の免許皆伝者、Q師範の半生である。師範は、若い頃より、種々の霊性修行に取り組み続けてきた。それらのなかには、師範自身の受け継ぐ流派から失伝したと思われる行も含まれている。斯界の重鎮となり、傘寿を過ぎてなお、師範は追究に倦むことがない。その師範から私は霊性修行の記録を託された。

師範は文武両道、非常に博識である。私の専門である深層心理学の知識も生半なものではない。私が当該の武術を学ぶ者のひとりであり、かつユングを研究する学者、臨床家でもあることをあるとき偶然知るにおよんで、老境の武術家は意を決したのだ。自身の経験が普遍的な意味を持っているのなら、それを後進のために遺さなければならない。専門的な立場からの解明に供すべくすべてを明かそう、と。

いま述べたように、私も未熟ながら師範と同じ流派の武術を稽古しているが、師範の弟子ではない。実際、直接に術技の指導を受けたこともない。あくまでも、当該の武術の基本的な知識と経験を持つ者として、師範の記録を預かり、おもに私信のやりとりを通して疑問点や要確認箇所に関する答えを聞かせてもらう、という関係である。

師範の霊性修行の記録を読んでいると、何から何まで驚かされることばかりで、そのような行をしたことがない私はこの任には不適格なのではないか、とも思う。見当はずれな質問を発してしまうことも多い。それでも師範はつねに冷静で、丁寧に答えてくれる。そして、資料の扱いは全面的にまかせる、という姿勢が揺らぐことはない。

何についてであれ、人がみずからのいっさいを開示するというのは尋常ならざることである。しかも、通常明かされることのない幽の修行の記録となればなおさらだろう。師範のこの断固たる決意は何に由来するのか。その源をたどってみると、六〇代前半の滝行に端を発する異界との交流が師範に後世への伝承に対する強い使命感を抱かせた、という事実に行き当たる。

詳細はのちほど述べるが、その異界との交流のなかで、師範は、江戸時代初期を生きた流祖や後継者たる先師たちから流派の全伝を託されたのだった。長い時の経過のなかで失伝していた内容はもちろんのこと、流祖がおよそ四〇〇年前に創始した本来の体系、そしてそれを継承発展させた先師たちの創意と工夫、そのすべてを伝えられたというのである。そこには、実力と資格のある者にのみ秘密裏に伝えられる極意も含まれている。

宗教の奥義の伝承においては、師匠から弟子へという通常の師資相承(ししそうじょう)とは別に、神仏などの超越的存在や遠い過去の祖師が行者の前に姿を現し直接に奥義を伝えて正統な後継者とする例が稀にある。これを霊異相承(れいいそうじょう)という。Q師範が体験したのは、まさに武術版の霊異相承だった。おそらく、武術の歴史上、前例のないできごとだろう。

しかも、武術であるという事の性質上、相承のプロセスは観念上の奥義の伝授では足りない。Q師範に対しては、流祖や先師たちから実際に身体を使っての細かい実技指導も行なわれたという。となると、これは武術史上ばかりか、宗教領域を含めた霊異相承の歴史においても類を見ないケースではなかろうか。後進に伝えなければという強い使命感がQ師範を駆り立てたことはよく理解できる。

この霊異相承は、師範の霊性修行における数多の興味深い体験の一つである。ほかにもさまざまな体験があった。にもかかわらず、師範は宗教家ではなく、市井の人である。師範の八〇有余年の人生の軌跡、およびそのなかで六〇年を超える武術遍歴などを併せ研究すれば、個性化と呼ばれる人間の生涯にわたる成長のプロセスにおいて霊的なものが持つ意味を、必ずしも宗教的な文脈に縛られることなく明らかにできるのではなかろうか。

## この研究の立場と方法論

霊的な行や治療の体験を論じた臨床心理学的な研究は数えるほどしかない（井上2006、石川2016、東畑2015）。本書では、カール・グスタフ・ユング Carl Gustav Jung（一八七五～一九六一年）というスイスの精神科医（図2）が提唱した深層心理学の体系から霊性修行に光を当てる。すなわち、ユング心理学の観点から行なわれる事例研究である。単一の事例から引き出すことのできる結論は、厳密な意味での普遍性を有してはいない。しかしながら、統計から導き出される平均的真実からはけっして見えない、ものごとの実相を描き出すことができる。

誰もが個別の異なる状況下にあるのであり、多かれ少なかれ例外的な事象を生きている。それが生の実相である。もっとも、今回取り上げるような傑出した人物の事績となると、逆に、平均から懸け離れすぎた特殊例と思われてしまうかもしれない。けれども、それゆえにこそ、多くの人が歩むと想定されている平均的なプロセスがじつはいかなる可能性に開かれているのか、条件が揃ったらどういうことが起こりうるのか、最終的な

図2　83歳頃のC・G・ユング（Jaffé, 1977より）

目的地はどこにあるのか、そういったことを明らかにする貴重な手掛かりとなる。

普遍／特殊のほかに、臨床的な観点からの正常／異常、生理／病理、真実／虚偽の区別をどう考えるかという問題もある。かりにも霊性修行となれば、いわゆる霊的な現象、霊的な体験と不即不離の関係にあるので、非常に悩ましいところである。この点について論じはじめれば、たとえ一章分の紙幅を割いたとしてもとうてい足りない。そこで、本書では、あくまでも心的現実を扱うという立場をとる。

つまり、この研究で論じる現実は、必ずしも物理的な現実や客観的な現実ではなく、むしろ主観的な現実である。その人がそのように認識している現実を心的現実という名の現実として扱う。心的現実には、その人が生きている文化や風土も色濃く反映されている。たとえば憑きものを異常現象の説明原理とする文化においては、現実に対する認識がその文脈でなされることになる。そこを無視して客観的な現実だけを取り出そうとすると、世界の豊かさや奥行きは失われてしまう。

あらためて言うまでもないが、霊の存在は証明できない。しかし、不在もまた証明できないのだ。論理的、科学的に説明できないからといって頭から否定してしまうわけにはいかない。少なくとも、心がそのように感じ、理解し、反応したことは事実であり、一つの現実と見なすことができる。それが深層心理学の立場であり、この研究において重要なところである。ユング（1940）は自分の立場を次のように説明している。

この立場はひたすら現象学的であります。つまり、出来事、事件、経験に関わるのです。要するに事実を問題にするのです。その真理は事実であり、判断ではありません。たとえば、心理学が処女誕生のモチーフについて語るとすると、そのような観念があるという事実のみを問題にしますが、そのような観念が何らかの意味で本当か、それとも嘘かどうかという問いは問題にしません。その観念は、それがあるかぎり、本当なのです。（村本詔司訳）

主観を削ぎ落として骨だけを残しても、生きている事象は把握できない。客観的な分析では排除されてしまう肉の部分こそが事象のリアリティを伝える。主観的経験、心的現実を材料として導き出された結論が広く信用を勝ち取るには、長い時間と心ある多くの人々による検証が必要である。本書における研究と結論を、そのような議論の叩き台と考えてもらってもよい。

なお、この研究では、ユング派の分析技法の一つである拡充法を随所で用いることになる。拡充法とは、意味を理解しにくい事象やモチーフに関して、類似の事象やモチーフが世界中のどこか、歴史上のどこかにないか博捜し、そこから共通する象徴的な意味を見出す技法である。拡充法を用いるメリットの一つとして、主観的な現実から引き出された結論を補強できるということがある。

拡充法で参照されることになる民俗や神話は、人々の集合的な心性というフィルターを通過してかたちを成したものである。つまり、それらは、長い時間をかけて多くの人々が共有してきた心性を反映している。換言すれば、そこには、一個人の主観の背景をなしている普遍的な心性、空間や時間のちがいを超越した客観的な心性があるのだ。したがって、拡充法による検討があれば、無数の人々の賛同を確認したに等しくなる。

ところで、学術的には、どのような素材についても批判的に検討していくことが求められる。ただし、事例研究では、はじめから批判的に見ていくのは望ましくない。当事者が内包している繊細な気持ちの動きや微妙な反応を余すところなく拾い上げるためには、情報の収集と記述の段階における共感がたいせつである。そうであってこそ、立体的な姿を描き出すことができるのだ。

しかし、共感的であることは思いのほか難しい。当事者の価値観と研究者の価値観は必ずしも一致していないし、どうしても否定的にしか見えない状況や場面も存在するからである。そのようなときに可能な努力の仕方として、内在的理解という方向性がある。当事者と価値観や文化を共有する親密な関係者としての立場から事態や心情を把握しようと試みるのである（島薗 1992、秋庭・川端 2004）。

内輪の立場にいることを想定して臨めば、ただ漠然と共感的にと思っているのに比べて、状況をはるかに理解しやすくなる。本書では、基本的にそのような方法による記述と理解を試み、しかるのちに、必要に応じて批判的な検討を行なう。内在的な理解による記述は、ともすれば、当事者による意味づけを鵜呑みにした、偏りのあるものにも見えるだろう。しかし、それなしには到達しえない仮説を提示できる可能性を開いてくれる。

なお、本書では、プライバシーに関する配慮から、Q師範および関係する人物や土地などの固有名詞はすべて伏せてある。また、事の本質に影響を与えない範囲で、事実関係や経緯について意図的に改変を施したところがある。Q師範には著書もあるし、その他の刊行物もあるので、それらから引用したいのはやまやまだが、同じ理由で差し控えることとする。本書に登場する他の人物の出版物についても同様である。

文中の「　」で括った箇所は、とくに断らないかぎり、師範自身からの私信や私的記録からの引用と考えられたい。「　」内には手を加えないことを原則としているが、省略したところは……で示し、私の加えた注は〔　〕に入れてある。また、読みやすさを考慮して句読点を加えたり、全体の表記の統一のために漢字や仮名を置換したりした部分があることを断っておく。

目　次

武術家、身・心・霊を行ず
——ユング心理学からみた極限体験・殺傷のなかの救済

# 第一章　念彼観音力（ねんぴかんのんりき）

## 傷を負う観音

その女性異能者はいつものように観音に憑かれて、Q師範の問いに答えた。師範自身の言によれば次のように。「往昔（おそらく源平時代）に私の先祖が槍の遣い手の武将だったが、戦いに敗れ、落ち武者としてある観音堂に隠れていたが、落ち武者狩りに見つかり、最初は堂内で乱戦。誤って観音像の左手を切り飛ばしてしまった。堂外に出ての奮戦中、矢を射かけられ、一本が右の肩口に刺さり、戦闘不能になり、首を取られた」。

師範には、自身の特性に関していくつか不思議に思うところがあるという。たとえば、「誰に習ったわけでもないのに、素手の闘争の場になると瞬時に相手の首を制する、または殺す寸前のとりかたをする特性」があること。師範はとりわけ武器術に通じており、さまざまな武器を用いる武術を修めてきた人だが、徒手による打撃系ないし体術系の武術にも長けている。打撃系、体術系の高名な遣い手からも指導を請われるくらいである。その師範が意図せず行なうこのような闘い方をどう理解したらよいだろうか。

「素手の闘争」といっても、たいていは殺し合いの場ではないのだ。そこまでやる必要があるかどうか。それに、相手の首を制することは重要かもしれないが、相当に間をつめなければならず、相手の攻撃の射程内にみずから入り込んでいくことになるので、よほど力量の差がないと難しい。わが身の危険のほどを考えるなら、まずは距離をとって相手の力量を測ってもよいだろう。師範の特性による反応は常識破りである。

さらに師範は、「木刀を使っていても、ときとして相手の頭部を切ってしまったことが何回もあり……その場合『止める』という意識がまったくないまま、相手の頭皮一枚（約一〜二ミリメートル）を切った瞬間に手の内に『肉を切った』という感触が走り、自動的に止まる」という。「手の内」には、文字どおりの意味のほかに、武術用語としての意味もある。剣の動きを直接コントロールする、柄（つか）を握る手の繊細で微妙な操作や感覚である。

木刀を使う場合であれ、真剣を使う場合であれ、武器で攻撃するときには、それを止めることも自在にできるようでなければならない。相手の動きに即応する必要があるからである。何かを切り、止めるには、「手の内」を通して入ってくるインプット情報、そして瞬時の判断にもとづいて動作を指令するアウトプット情報が決定的に重要となる。にもかかわらず、ここでは「自動的に」であることが注目される。

なにごとも、修練を積めば、多かれ少なかれ自動的になされるようになっていくものではあるし、これもまた師範の武技の水準の高さを物語るエピソードの一つと言えなくもない。ところが、ここで師範の言う「自動的に」には、それとは異なるニュアンスがあるのだ。というのも、じつは師範が、「神仏にそうさせられている」と言えるのかもしれ」ない、と続けているからである。

つまり、この「自動的に止まる」は、もっと正確に言うならば「他動的に止められる」という意味らしいのである。何か外部からの力によってコントロールされている感覚。そのあたりが、修練による、師範の通常の「切る、止める」ないしは「切る、止まる」という感覚とは異なっているのだ。大袈裟に言うなら、非自我的な力による被影響体験とでも呼べそうである。

誰かから学んだわけでもなく、意図して行なっているのでもない、天性の武術家ならではの高度な技術特性。そう思って師範の言葉を聞くと鳥肌が立つのを覚えるが、それでも、薄皮一枚で「『肉を切った』という感触が走」ることなどはやはり不可解というほかない。かねてから自分でも不思議に思っていた師範は、ある日、かの女性異能者に尋ねてみた。その答えが、本章冒頭に記した、一〇〇〇年近く前のできごとだったわけである。

師範はそれを聞いて、「首を取られた無念の念が、現代の私の特性として逆に相手の首を瞬時にとるかたちで出た」のであり、「観音の左手を切り飛ばしたために、その影響が現代の私の左手の弱さとして出た」と理解した。そして、「今でも私の右肩下部に矢が刺さった痕跡がある」ことに思い当たった。その痕跡は、霊異との接触が頻繁だったこの時期（二〇年ほど前）には現在より膨らんでいたそうである。

繰り返しになるが、本書では、最も高度な技術を身につけた現存する武術家の最も長期にわたる霊性修行の記録を追って、身体と心と霊という人間の全側面を含む個性化のプロセスの本質に迫りたいと考えている。そのための大きなヒントになりそうに思われたので、手はじめに以上のエピソードをあげてみた。はたしてどういった手掛かりが得られるだろうか。

## 異能者の真贋

手掛かりを探す前に、いくつか断っておかなければならないことがある。まず、本書では、師範のさまざまな経験を時系列に沿って提示するというかたちをとらない。第三章にかぎっては、師範の生い立ちなどを述べる関係で、大部分が時系列に沿った展開になるが、他の諸章においては、そのつどの論点に関して重要と思われることを順不同にとりあげる。

もう一つ言っておきたいことは、師範が五三歳で退職し武術の追究に専念しはじめた頃から周辺に入れ替わり立ち替わり現れはじめた異能者たちとの関係である。本章の冒頭でふれた女性異能者はそのなかのひとりだった。そこからもわかるように、異能者たちはおもに霊媒の役割をはたしている。師範の霊性修行とその深まりは彼らとの関わりを軸として進んでいく。

現代を生きている者は、霊媒などと聞くと、いかにも迷信的で怪しいと考えがちである。しかしながら、私たちは、武術という古来の文化や風土に思いを致してみなければならない。すると、現代人の見方のほうが偏りを含んだ浅薄な先入観かもしれないことに気づく。武術が近代武道に姿を変えたとき、武術の霊的な側面が削り落とされたことは、「はじめに」でふれた。本来の武術は霊や異界と密接につながっていた。なんとなれば、古武術の多くの流派が、それぞれの流祖の霊夢をきっかけに創始されたと伝えているからである。Q師範が長年、修行を重ねてきた流派も例外ではない。かつての武芸者はしばしば社寺に参籠祈願して、神や仏の顕現に相見えたり、夢に啓示を得たりした。そして、その教えにもとづいて、みずからの流儀を編み出したり自流の奥義や極意に開眼したりしたとされている。

つまり、そこに霊媒の存在があったかどうかはともかくとして、神霊や異界との交感は武術と表裏一体だった。いやしくも武術を究めようとするのであれば、その点を避けては通れない。Q師範が初老期に差しかかり、さらなる武術の追究に人生を捧げる決意を固めるや、少なからぬ異能者が身辺に現れ、師範と多様な神霊とをつないだ。その布置は、一種の必然をも感じさせる。

霊媒を介した師範と神霊界との交感をいかがわしいこととして退けてしまうのは簡単なことである。しかし、少し立ち止まって考えてみてほしい。反対に、そうした交感があったことこそが師範の武術の追究における真正さを証している、と見ることはできないだろうか。武術はそもそも神霊や異界の存在を前提としていたのだ。となれば、そのような文化的文脈のなかで師範の経験を眺めてみてはじめて得られる知恵があるかもしれないではないか。

この貴重な知恵をすっかり汲み上げるには、「はじめに」で述べたとおり、師範の経験を共感的に、そして内在的に理解しなければならない。事例というかけがえのないものを私たちは活かしていく必要がある。なにしろ、そこには、人類の歴史のなかで少なくともひとり、このような経験をしそのような境地に達した人がいる、というまぎれもない事実があるのだから。

霊媒を介した神霊や異界との関わり。そして、それに伴って経験される複雑な感情。私たちはそうしたあれこれにけっして無縁ではない。何十年か前まではまことにありふれた事象だったのだし、それ以前に気が遠くなるほど長い伝統もあったのだ。私たちにはもともと、そのように経験したり感じたり理解したりする傾向が内在しているにちがいないのである。

何が非科学的といって、この事実を無視することほど非科学的なことはない。少なくとも心的な現実としては、神霊や異界は厳然として存在していた。いや、今でも存在している。私たちは神霊や異界に畏れと期待を抱くではないか。素直に注意を向けてみれば蠢いているのがわかる、私たちの感覚や気持ちのなかにあるものを、あたかも存在していないかのように無視してはならない。未知なるXの存在を否定しない態度こそ、真の科学的態度だろう。

むろん、Q師範とて、異能者、とりわけ霊媒の言うことをそっくり鵜呑みにするような愚かな人ではない。ならば、師範は、霊能者の言動の真正さと質、憑依した神霊の正体と位をいかにして確かめ、どう判断しているのだろうか。一般に、真正の憑依とそのまね（「イミテーション」などと呼ばれる）の間にはさまざまな移行段階があって、正確に判定することは不可能（高畑・七田・内潟 1994）とされているのだ。

私は一度、その点を問うてみたことがある。師範は「この質問には答えきれない。私は審神者（さにわ）（憑依した神霊の正体や正邪を判定する霊能者）ではない」と言いながらも、次のように真摯に語ってくれた。「私の場合は直観的としか言いようがない。次元が低いものが憑依している場合は、天狗とか蝦蟇とかが見えた。霊能者の場合は、目を中心とする表情や言葉とその内容でレベルは判断できる」と。

そのうえで、必要を感じたら複数の異能者に同じことを訊いて、得られた反応を比較検討してみれば正解はおのずとわかる、という旨の体験談も付け加えられた。師範には、言語化はしにくいながらも、一定の判断の基準があることがわかる。異能者やその言動に対する目が肥えているだけに、真贋の見分けはいい加減なものではない。

## 未完の彫像

さて、最も高度な技術を身につけた現存の武術家の最も長期にわたる霊性修行の記録から、身体と心と霊という人間の全側面にまつわる個性化のプロセスに迫る試みに戻ろう。そのためには、何を措いても、傷を負った観音というモチーフが師範の武術の追究に対して有している意味を考えてみなければならない。じつは、このテーマをめぐってはもう一つ、師範の先祖にまつわる類縁のエピソードがある。

その経緯をごく簡単に述べておこう。師範六〇歳時の水行（滝行）の最中には、さまざまな「エネルギー体」や「霊体」が姿を見せた。流祖の霊体が現れたことはすでに述べたとおりである。そして、ほかにも、師範の先祖のエネルギー体などが出現したという。そのエネルギー体について師範が尋ねると、観音に憑かれたかの女性異能者は、もう一つの不思議なエピソードを語った。

なお、のちほど詳しく述べることになるが、師範の滝行では、彼女とは別の男性の異能者が先達を務めていた。滝行の場でその男性異能者を介して明らかになった内容について、師範は後日あらためて女性異能者に問うたわけである。つまり、ここでも、師範が複数の異能者の語りの内容を突き合わせて、大なり小なり裏づけをとろうと試みていることがわかる。

不思議なエピソードというのは、師範の言によると、以下のとおりである。「私の水行時に現われたエネルギーは、私より一八代前の先祖。下級武士だが民度は高く、庄屋であったりして、一族は裕福だった。次男であり、あるとき他人に傷つけられ、卑怯にも後ろから襲って殺し、終生その慚愧の念にさいなまれ、六二、三歳で死んだ。観音像をひたすら作ったが、けっして完成しなかった。その霊を私が喚び起こしたということらしい。なお、顔は細面という」。

先祖の霊を目覚めさせておいて、そのままにしておくわけにはいかない。異能者は師範に先祖の供養を勧めた。「私は異次元の扉を開いて、霊を起こしたということであり、供養をせざるをえないことになったのだそうだ。毎日、般若心経をあげ、観音を拝めという。今はなくとも、その観音が手に入るときが来るという。しかし、考えて見れば、私がいくら観音像を作っても完成しない理由がやっとわかったことになる。一八代前の先祖の因縁を背負っていたとは……」。

師範も「一時期、観音像の彫刻に没頭したことがあり、結局、完成しないままになって」いるという。写真で見るかぎり、私には、玄人はだしの出来で完成度も高いように思われる。にもかかわらず、師範にとっては永遠に未完成のままであるらしい。これもまた傷を負った観音と言えよう。このとき、女性異能者を通して、傷ついている観音という心的現実に対して納得のいく理由がもたらされた。腑に落ちたのである。

以上のことから、師範による武術の探求（霊性修行を含む）の背景にあるものの一端が見えてきたように思う。落ち武者として死ななければならなかった武将の無念、そして卑怯な復讐をした下級武士の悔悟である。どちらも不完全な観音に絡んでいるのは興味深い。そこには、どこまでも贖い不能で取り返しのつかない剥奪と喪失と罪があり、赦しが絶望的に希求されている。

落ち武者となった武将は、自分を追いかけ、狙い、傷つけようとする者を警戒していただろう。すぐ近くの建物や木々の陰からの眼差し、寺域の境目の暗がりからの眼差しを感じ、怯えていたにちがいない。そして、仏像の左手を切り飛ばしてからは観音の呪いまでも被ることになり、その顕在化としての矢を浴びた。同様に、刃傷沙汰を起こした先祖も、死者からの恨みや観音からの叱責をいつはてるともなく受け続けた。

重要なのは、これらのエピソードにおける武術の位置づけである。培われてきた霊性や徳性が通用せず、一気に無化されてしまう殺伐とした状況。そのような修羅は観音を傷つけて、不完全なものにしてしまう。観音力が機能不全に陥るだけではない。反対に、剥奪と喪失と罪の痛みを突きつけ続ける、恐るべき鬼神力（きじんりき）が析出してくるのである。

武術的なもの、武術なるものは、遠い昔に観音力と鬼神力に分断された。その鬼神力が、今を生きるQ師範の武術のなかに行動特性として姿を現している。注目すべきは、それが、師範には、自律性を有しているように体験されていることである。この鬼神力は、武術的な場面において、師範の自我とは異なる、いわば別人格としてふるまう存在なのだ。

心的なある要素が明瞭に別人格的なふるまいをし、その人自身もそれを自我違和的に経験しているとしたら、その要素は自我から空間的ないし時間的に隔てられている。それゆえに、暗がりからじっと様子を窺う冷酷な眼差し、どこからか罪を責め立てる痛罵の声を有していることが多いのだ。そして、不意にその姿を現して、意識や身体を一時的に支配下に置く。

このような別人格がなにゆえ現代のQ師範に影響を及ぼすのか。何のためにそのようなことが起きているのか。私は、傷を負った観音が、あるいはその影としての鬼神が癒しを求めてやってきているのだと思う。分断され自我から隔てられてきた観音力と鬼神力が、いま、師範という傑出した武術家を通してもう一度一つになることを渇望している。ここではまだ中途半端な説明しかできないが、それはじつは武術なるものの再生のプロセスの一環でもある。

## 人はなぜ生きるのか

師範は、幾度となく、全国の観音像を訪ねる旅に出ている。そのきっかけは、武術をはじめた頃にあった。Q青年が武術の師匠のもとに入門したのは二〇歳頃のことである。詳細は第三章で述べるが、青年は偶然その武術の演武を目にし、強く惹かれたのだった。そして、それまでに経験したことのない身体や武器の遣い方、気合いのあり方の魅力に急速にのめり込んでいった。

青年はその頃、「『人はなぜ生きるのか』という命題」に苦しんでいた。苦悩は深く、短銃や睡眠薬で自殺を図ろうとしたことも一度ならずあったという。やさぐれて、いたずらに酒びたりの日々を送っていた青年は、その武術に何か自分の助けになるものがあることを直観したのだろう。入門すると、師匠に、「人生の方向がわからず、神経衰弱」になっている自身の懊悩を打ち明けずにはいられなかった。

ある日、師匠は、稽古の帰りにQ青年とふたり歩きながら、こう言った。「Qさん、世の中にはいろいろある。苦しいときの神頼みといってね。苦しかったら、日本には神さまも仏さまもたくさんいるから、どこでもいいから行って拝んできなさい」。そして、武術一本で生きてきた自分（師匠）の姿を見てごらんと言って、「考えすぎることはないです」と静かに付け加えた。

師匠のこの言葉から、Q師範の観音めぐりははじまった。師範はこう回顧する。「私はこの言葉にどんなに救われたかしれない。観音さまの像の前で『観音さま、助けて下さい』と涙ながらに拝むことが増えた」。師範の観音めぐりの習慣はその後も長きにわたって続き、「現在では『仏恩感謝』の祈りに変わってはいるが、全国一〇〇観音の三分の二は巡拝している」。

師範の観音めぐりには、次のような別の要因もある。「私は学生時代に井上靖の『星と祭』という小説の影響を受けました。この小説は主人公が琵琶湖畔の観音道の観音さまを巡拝するさまが描かれており、勤労者時代の苦難から逃れて日本海から奈良に続く『お水とりの道』、別名『観音道』にある観音像を巡拝するようになりました。その時代は、いまだ秘仏とされていた無住の寺の観音像が多く、拝観するには鍵を持っている村人を訪ね、頼み込んで参拝したところも多かった」。

今は長浜市の一部となっている琵琶湖北部の集落のいわゆる黒田観音（図3）は、とくに印象深かったようである。「私がはじめて参拝したとき、村人に観音堂、そして厨子の扉を開けていただいたとき、強い気の風が吹

図３　黒田観音　私（老松）が拝観に行った折りには遠方の展覧会にご出座中で，やむなくそのポスターを撮影したところ，観音像の頭に雲のようなものが懸かっていた。光の反射ではないように思われるが……。

きかかりました。観音さまが『よく来た』と言ってくださっているようでした。……その後は、京都に行くときは必ず立ち寄るようになりました」。なお、この観音は千手観音とされているが、准胝（じゅんてい）観音と見る立場もある。

　ちなみに、これと似た現象を師範はたびたび経験してきたらしい。「秘仏公開などに行くと、仏像から強い風が吹いてくることがあります。私の場合、とくに太宰府にある観世音寺の馬頭観音のケースでは、私が線香に火をつけて灰にさすと、まず煙がまっすぐに立ち上ります。次に、私が手を合わせ十句観音経を唱えると、煙が直角に曲がって私のほうに流れるようになります。いつ行ってもそうなります。弟子たちも見ています」。

　この馬頭観音は、立ち並ぶ三体の巨大な観音のうちのまんなかの像で、非常に力強い豪壮な造型である。あるときには、同道していた別の武術家の体調がひどく悪そうだったため、くだんの馬頭観音の前に呼び、暫時ある種の立禅のかたちをとらせて「観音さまのエネルギーを頂戴させたところ……元気にな」ったという。

観音のご利益らしきことはほかにもあった。若い頃、師範は、「何かから逃げる夢」をよく見たが、「窮地になると空中を飛ぶ」のが常だった。ただし、両腕を広げたり前方に突き出したりしてではない。「天空から何か紐が下がって来て……それに掴まり腰を入れると、フッと浮いてそのまま空中を飛ぶ」。不空羂索観音のように慈悲の縄を持つ観音もいることから、師範は「観音様が救いの縄を垂れてくれたのではないか」と考えている。

ユング派の観点から見ると、空を飛ぶことはさまざまな重荷からの脱出を意味するとともに、地に足がつかない状態になる危険性への警告でもある。そして、天辺からの糸は胎内での臍の緒を連想させ、「飛ぶ」といっても低空での水平移動にとどまらせている印象がある。その糸は、重荷に潰されることから夢見手を保護しているだけでなく、振り子が反対に振れないよう、つまり逸脱した行動や精神状態につながらないよう防ごうともしている。

ここで、今一度、落ち武者として殺された師範の先祖に話を戻そう。師範はいつしか、その武将の亡くなった地を確認したいと強く思うようになり、「あるとき、直観的に越前ではないかと思い、福井県のあちこちを訪ね歩」いたという。こういうことも、重荷から脱出するための逸脱行動の一つと見てよいかもしれない。当然といえば当然だが、この試みは、「直観力だけが頼りだったこともあり、徒労に終わ」った。

師範はその顛末をかの女性異能者に話した。すると、たちまち「馬頭観音が憑依して出てこられ、『お前はなぜそのように刺々しい心で来るのか』と言われ、帰途には私を心配して准胝観音をつけてくれた」ことを知らされた。「私が、戦って死んだ先祖への思いが強かったから、哀れと思われたのかも」というのが師範の感想である。

注目したいのは、先祖の口惜しさの念に同一化していた師範に対して、馬頭観音が「刺々しい心」のありようを指摘し、母性的とされる准胝観音（≒夢に現れていた天辺からの糸、臍の緒）によって代々の重荷を軽減させようとしたことである。重荷とは、先祖の体験に象徴される剥奪、喪失、罪とそれに伴う絶望、憤怒、悔悟などの暗い感情だった。それこそが、Q青年に「人はなぜ生きるのか」をめぐって苦悩させ、自殺企図さえなさしめたものの正体である。

観音めぐりとともにはじまったと言っても過言でない、師範の武術追究の生涯。それは、心理学的には、空間的、時間的に遠く隔てられていて別人格のように自律的にふるまう、諸々の関連する表象や感情のかたまりとの対峙に等しい。少し前に鬼神力、観音力と呼んだものである。師範はつねにそのような厳しい次元に身を置き、ひとり孤独に闘いに臨んできたのだ。

誤解しないでほしいのだが、ここにあるのは必ずしも師範個人の問題ばかりではない。じつは、生にまつわる普遍的な主題が含まれている。少し前に用いた呼び方で言うなら「武術なるものの再生」である。世の中には、そうした難題を担い解決するために選ばれる人がいる。Q師範のように。その挑戦は、身体と心をもってするだけではとうてい勝ち目がない。これから師範の経験が教えてくれるように、勝機は霊性の練度に応じて訪れる。

# 第二章　心　　法

## 心法としてのユング心理学

武術には、心法というキーワードがある。この語はさまざまに説明されている。最も一般的な意味での心法は、柳生宗矩（むねのり）の師として知られる沢庵禅師の不動智（沢庵 1970）という概念にもとづくものだろうか。みずからの心を一カ所にとどめないよう修練することにより、おのずから術技が極まっていくことを言う。つまり、この意味での心法は、そのようなとらわれのない心の用い方を指している。

一方、Q師範の説明する心法は、もっと現実的かつ具体的なものである。師範によると、心法とは「精神論ではなく、人間が有している『心の反応』『生理反応』『意念反応』等に対処する技術」のことである。これは沢庵の考えとはちがうように見えるが、じつはそうでもない。ほぼ同じようなことを異なる角度、異なる視点から説明している面もあると思われる。

というのも、心を一カ所にとどめることこそ、しばしば生じる危うい「心の反応」だからである。それが相手に起きれば、こちらはそこを利用して攻撃することができる。反対に、自分のほうにそれが起きたなら、相手に隙を見抜かれてやられてしまうだろう。「心の反応」は、もちろん、心を一カ所にとどめることだけではないが、心のさまざまな反射的な動きが、心の居つきを一因とするかぎりにおいては、沢庵と師範の考えはごく近い。

さて、本書においては、ユングの深層心理学を比喩的に一つの「心法」と見なして、分析の切り口にしたいと思っている。なぜなら、ある意味で、ユング心理学もやはり「心の反応」を、なかんずく無意識的に起きる反射的な心の動きの様相を扱うことに主眼を置いているからである。そのような反応は、人間の生涯にわたる成長と発達のプロセスにおいて、心の深層で意図せず生じてくる。そして、その連なりが、人に心身の問題を抱えさせたり、偉業をなさしめたりすることになる。

問題を抱えることに帰着するか、それとも偉業の達成に結びつくか。そのちがいは、あくまでもユング心理学的な意味合いでだが、まさに心を一カ所にとどめてしまうか否か、心が居つくままにさせてしまうか否かによる。ユングの深層心理学は、そのような心の様相をどうすれば把握できるかということ、そしてまたどのように変化させていけばよいかということをめぐって体系化されてきた。

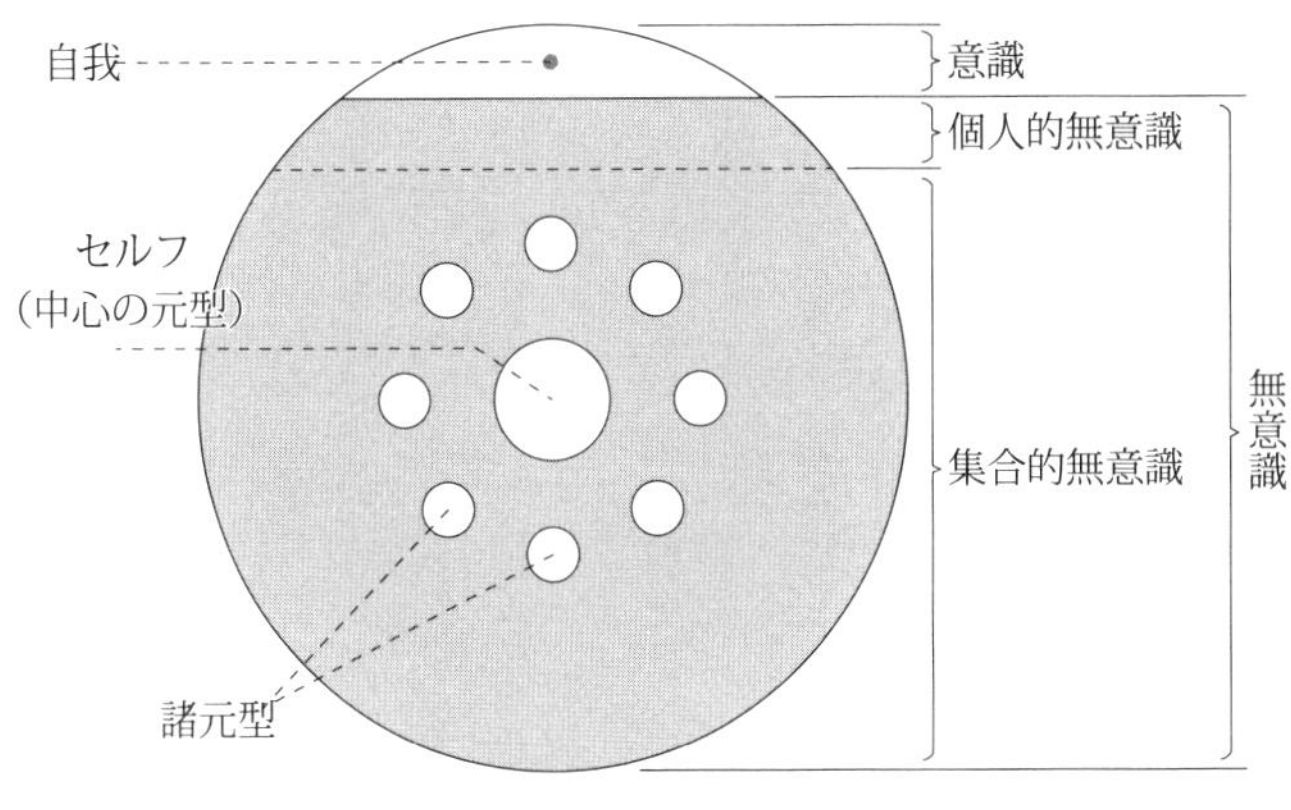


図4　心の構造（老松 2011 より）

その膨大な体系をここですべて示すことはできないので、本書でQ師範の経験を理解し分析していくのに必要な内容に限って紹介する。つまみ食い的なものになって項目相互のつながりがわかりにくいかもしれないが、要点に関しては詳しく説明することでカバーしたいと考えている。ついては、はじめにいくつかのキーワードを提示して、ユングの深層心理学（Jung, Franz, Henderson, Jacobi, Jaffé 1964, Jung 1968, 1997）が「心法」たる所以（ゆえん）を明らかにしておこう。

まず、ユングの考える心の構造に大きな特徴がある。心は三層構造から成るとされており、表層から深層に向かって順に、意識、個人的無意識、集合的無意識である（図4）。意識の中心を自我、無意識の中心ないしは心全体（無意識が大部分）の中心をセルフと呼ぶ。心の生涯にわたる成長や発達は、意識と無意識との間で起きる絶え間ない対立と和解の繰り返しにもとづくものであり、心の症状や問題はその一つの現れである。それゆえ、意識あるいは自我は、無意識との関係性をよく理解していなければならない。

無意識のうち、個人的無意識はその人の個人的な過去の経験がもとになってできている。それに対して、集合的無意識は非個人的、超個人的な内容からできている。つまり、集合的無意識の内容は古今東西、万人に共通である。それらを元型という。元型は、古来かわることのない、心の動きの範型(パターン)である。むろん、その種類は多い。じつは、さきに述べた無意識の中心としてのセルフも元型の一つである。

「無意識」と聞いて多くの人が思い浮かべるのは個人的無意識だろう。ふつう、それしか知らないのだから無理もない。たしかに、個人的無意識からの影響は小さくない。しかし、無意識という心の領域のほとんどを占めているのは集合的無意識である。そちらからの圧倒的に大きな影響を知らないでいるのは、意識にとって致命的と言ってよい。

集合的無意識と元型の概念から言えるのは、人間には普遍的な心的反応パターンが数々あるということである。ただし、こう言われたら、こう感じる、というような単純なものではない。多くの要素が複雑に絡み合ってその反応パターンを形成している。たとえば、何らかの刺激によって英雄元型が活性化された場合、いかなる反応が引き起こされるかを考えてみよう。

英雄元型が活性化されると、その人には、英雄としての典型的な思考や行動が引き起こされる。それはさまざまな水準において生じる。神話的な水準であれば、怪物や龍を退治するといったファンタジーになるだろうし、より現実的な水準なら、狡猾な仇敵を打ち倒そうと試みることになるだろう。それによって英雄は支配者になり、領地に新たな秩序をもたらす。

こうした動きは、たとえば、思春期に自我が芽生え、抑圧的で敵対的と感じられる親と対立し、ついには独立をはたして自身の「城を築く」ようなプロセスを促進する。その意味では有用で必要不可欠なものと言える。しかし、周囲はその動きに巻き込まれ、無理矢理つきあわされて、ひどい迷惑を被るかもしれない。あるいはまた、当の本人も英雄気取りでいると、そのうち必ず失脚する。倒されるまで闘うのが英雄の宿命だからである。

何も考えずに反応パターンのなすがままになっていると、早晩、やられることになる。別の言い方をするなら、居ついてしまうと、結果的に憂き目を見るのである。だから、さまざまな本能的ともいえる心の反応パターンを解明し理解して、その有効活用と副作用防止の手立てを講じていかなければならない。ユング心理学はそのために構築された体系であるがゆえに、ここで比喩的に「心法」と呼ぶわけである。

## 諸元型から成る集合的無意識

では、ユング心理学の概説に入ろう。心が三層から成ることはすでに述べたとおりである。個人的無意識は、その人個人が経験してきたことからできている。具体的には、経験のなかでいったんは意識されていたが時の経過とともに忘却されてしまったもの、何らかの意味で危険であるがゆえに抑圧され意識から排除されもの、そして意識に印象を残すほどの強さをはじめから持っていなかった諸事象にまつわるあれこれである。

一方、さらに深層にある集合的無意識は、誰もが等しく持って生まれてくる無意識内容からできている。ユング（1912/1952、1971/1987）は、精神病で長期入院をしているひとりの患者の妄想から、集合的無意識の存在に気づいた。それは、太陽から垂れ下がっている管から風が吹いてくる、といった妄想である。この妄想を聞いて何年かしてから、新しく発見されたミトラ教の祈祷書の内容が出版されたが、ユングはそこに患者の妄想と酷似した一節を見出した。

患者は何年もの間、病院の外に出たことはなく、新発見の祈祷書のことなど知る由もない。にもかかわらず、彼の妄想と祈祷書の記述には明らかな共通点があった。つまり、時代や場所や民族や宗教が異なっていても、人間の抱く観念は本質的に似たり寄ったりであることがわかった。「本質的に」というのは、芯の部分が同じで、表面はそれぞれの文化的要素によってコーティングされているからである。

この芯の部分が元型である。さまざまな元型が寄り集まって、集合的無意識を構成している。つまり、集合的無意識は、すべての人に共通の心の動き方のパターンがたくさんしまってある古代からの貯蔵庫のようなものである。元型というものの存在を見て取りやすい素材には、神話やおとぎ話、あるいは宗教儀礼や民俗儀礼がある。場所も時代も遠く隔たった二つの地域に、類似した物語や習俗がしばしば伝わっている。

たとえば、わが国の神話には、伊弉諾（いざなぎ）が亡き妻、伊弉冊（いざなみ）をこの世に連れ戻そうと黄泉（よみ）の国を訪れる話がある。首尾よく連れ戻すまでは伊弉冊の姿を見てはならなかったのに、伊弉諾はついつい目をやってしまい、奪還作戦は失敗に終わる。これに似た話はギリシア神話にもあって、聴覚の鋭い音楽家オルペウスが、亡き妻エウリュディケを連れ戻しに冥界に降る。この世に戻るまでは妻を見てはならないという禁忌が課されていたが、うしろを歩く妻の足音が一瞬聞こえなくなったために振り向いてしまい、企ては水泡に帰す。

おとぎ話でも、遠隔の地に伝わるそっくりの物語の例は枚挙に暇がない。グリムのメルヘンにもわが国の昔話にもある「手なし娘」などはその好例である。これら類似した神話やおとぎ話は、人の移動に伴って伝播した結果として遠く離れた地域に存在しているという可能性ももちろんある。しかし、民俗学者、柳田國男（1940）も言うように、異国から伝わってきた物語や習俗が受け入れられて土着化するには、その地にもともと似たような物語や習俗があるということが条件になる。

こうした共通の観念の同時多発性ないしは異時多発性の基盤になっているのが、集合的無意識であり、さらに詳しく言うなら諸元型である。元型は、それ自体は直接に見ることも聞くこともできない。それは結晶軸に似ている。その軸のまわりに、それぞれの時代や土地の文化に含まれている共通の要素が絡まりついて結晶となり、ようやく目で見て耳で聞くことのできるものとなる。だから、本質は共通でも、表向きは多少異なる部分があるわけである。

元型の例として、さきほど英雄元型をあげた。無数にある元型のうち、臨床的に意義深い代表的なものには名前がつけられている。いくつか示すとすれば、グレート・マザー、プエル、トリックスター、シャドウ、アニマ、アニムス、セルフなどがある。セルフは無意識の中心としても登場したが、正体は元型の一つ。セルフは「元型のなかの元型」、「中心の元型」と呼ばれていて、諸元型を含めて内的な世界のあらゆる要素のコントロールを司っている。つまり、いっさいの計らいのもとである。

グレート・マザーは、母なるものの観念や母性的な行動と強く結びついている。アニマとアニムスは異性的なものの元型で、男性ならアニマが、女性ならアニムスが、自我とは異なる特性を備えた異界の旅の導き手として機能する。これら諸元型は時空を超えたものであるがゆえに、神、仏、悪魔といった超越的存在のイメージに投影されて経験されることが多い。つまり、私たちが宗教のなかで経験するものは元型と重なっているのがふつうである。当然ながら、そこには永遠の真理が見出されうる。

ところで、集合的無意識の特徴の一つとして強調しておきたいのは、それがあくまで集合的なものであって、誰のものでもないという点である。それが非個人的、超個人的であるがゆえに、「私の集合的無意識」とか「あなたの集合的無意識」などと呼べるものは存在しない(Jung 1997)。心を円ないしは球として図示し、その三層構造の最深部として集合的無意識を説明したが、いま述べた観点から言えば、心は下方で閉じてはいない。

つまり、集合的無意識は心のなかにあるとも言えるし、心の外にあるとも言える。竹藪に生えている無数の竹が地下のたった一つの根茎から出ているように、ひとりひとりの個人的無意識や意識は個々別々であっても、そのじつ、根っこのところでは一つにつながっている(Jung 1997)。したがって、時代や場所のちがいを超えて同一の観念を共有する経験というものが生じうる。

しかも、個人的無意識の内容が、その印象の濃淡はあれ、一度は意識の領域に存在したことがあるのとは対照的に、集合的無意識のなかには、かつて一度も意識化されたことのない内容が含まれている。集合的無意識の広大さは、氷山における海面下の部分に譬えられる(もちろん、いわゆる氷山の一角に相当するのは意識である)が、このことをふまえて考えると、集合的無意識のほとんどはかつて意識化されたことがないと言うほうが実態に合っているだろう。

以上のような集合的無意識の特徴から、たとえば次のごとき考えも導き出される。すなわち、はるかな過去に神々ないしは傑出した人物においてはじめて意識化された集合的無意識の内容が、長い時の経過ののちに遠く離れたところで別の卓越した人物において同様に体現されるというケースもありうるだろう、と。あとで述べるように、じつはQ師範にはそういうことが起きたのだ。

## コンプレックスの役割

神々の世界まで含むような、圧倒的とも言える集合的なもの。そして、それに比べればちっぽけで非力きわまりない個人的なもの。この両者が緊密に結びつくということがはたしていかにして可能になるのか、不思議に感じられる向きもあるだろう。集合的なものと個人的なものをつなぐ軸として大きな役割をはたしているのがコンプレックスである。

コンプレックスというのは、ユングが、そのキャリアの最初期に精神医学、深層心理学の領域に導入した用語である（Jung 1902, 1906）。それはユングにとって非常に重要な概念だった。そのため、当初、ユングの分析心理学はコンプレックス心理学と呼ばれていたくらいである。コンプレックスという語は、その後、ひとり歩きするようになり、困ったことに、不正確な意味合いで日常語として使われるようになった。

コンプレックスといえば、通俗的な使い方では劣等感とほぼ同義になっているが、それは心理学用語としての正しい使用法ではない。complex とは本来、形容詞としては「複雑な」、名詞としては「複合体」という意味である。ユングは、そうした字義どおりの意味でコンプレックスなる語を使っているので、あえて日本語で言うときには「心的複合体」とすることもある。

コンプレックスの発見は、若き日のユングの偉大な業績である。ユングは言語連想実験によってそれを見出した（Jung 1906）。言語連想実験とは、一〇〇個の刺激語に対して即座に連想する語を答え、一通り終わったら再び同じ刺激語を最初から繰り返し、はじめと同じ答えを言ってもらう。このとき、時間がかかったり、刺激語が異なるのに立て続けに同じ反応を続けたり、再生をまちがえたりする反応にユングは注目した。

そして、ユングの出した結論は、心のなかにはさまざまなコンプレックスがあって、それらがそうした異常反応を引き起こしているというものだった。すなわち、コンプレックスには自律性があり、みずからの意志で勝手に動くのだが、何らかの刺激によって急にその活動が生じたとき、それによって自我の活動が妨げられ、連想という営みがスムーズにいかなくなるのである。

ユングの定義によると、コンプレックスとは、一定の感情的な色合いを帯びて、ある元型的な核ないしは背景のもとにさまざまな表象やイメージが集まって一つのかたまりを成しているものを指す。集合的無意識の内容が元型であり、個人的無意識の内容がコンプレックスである、と説明されることもあるが、コンプレックスには意識的な部分もあるし、元型的な性格もあるので、私としては心の三層をつなぐものと考えたい。

たとえば、陽性母親コンプレックスは、母なるものへの肯定的感情を共通項として、諸々の心的要素が凝集したものである。たとえば、現実の母親との楽しい思い出、母親の姿や癖やさまざまな特徴、母親に似た人物についての想い、母なる自然への関心、母性的な神や仏への信仰……。それらが母親元型を核ないしは背景として一つのまとまりを形成している。

同じく母親元型を中核ないしは背景としていながらも、母なるものへの否定的感情という色合いを帯びて心的な諸要素が集まったものは陰性母親コンプレックスと呼ばれる。心のなかには、そのようなかたまりがたくさんあって、ひしめき合っている。それらのなかで、劣等感という感情的色彩を伴ってできているかたまりを劣等コンプレックスという。俗に言う「コンプレックス」である。それは数あるコンプレックスのなかの一つにすぎない。

また、主体というものに関連のある心的な諸要素が集まってできたコンプレックスを自我と呼ぶ。自我コンプレックスは最大にして最強。なんとなれば、集まっている諸要素の数が途方もなく多いからである。コンプレックスは、集まっている諸要素の多寡に応じた心的エネルギーを有するとともに、みずからの意識を持っている。規模の大きなコンプレックスには明るい意識があり、小さなコンプレックスには暗めの意識がある。

自我は最大のコンプレックスだから、最も明るい意識を持っている。通常、自我の持っている意識こそが、私たちが意識と考えているものに等しい。自我意識である。自我意識は太陽のごとくに明るいため、ほかの有象無象のコンプレックスたちの意識は昼日中の蝋燭の灯りのようなもので、光っていてもあまり目立たない。まさに昼行燈である。

とはいえ、どんなに小さなコンプレックスも独自の意識を持っている。つまり、自分の意志や判断に従って自律的に動く。このコンプレックスの自律性というのが重要である。言語連想検査において、ある刺激語が一定規模以上のコンプレックスの構成要素を刺激すると、そのコンプレックスが瞬時に活動し、それが自我の活動の方向とは異なっているため、被験者の反応に乱れが生じるわけである。

また、自我以外のコンプレックスの規模が大きくなって、自我に匹敵するくらいになると、ときとして意識の中心が自我からそのコンプレックスに入れ替わる。そのコンプレックスの持っている意識が自我意識に取って代わると言ってもよい。これは交代人格と呼ばれ、二重人格の病理を現出せしめる。そのようなコンプレックスが多くなれば、多重人格ということになる。

自我に匹敵するほどの規模のコンプレックスが形成されるのは、トラウマ体験によってPTSD（心的外傷後ストレス障害）の状態になっているときであることが多い。そのようなコンプレックスは、ふだんは自我や意識から遠くに隔てられている。疎隔である。ただし、遠くに隔てられているものは、その人のこの世における存在を脅かした極度の恐怖体験にまつわるコンプレックスばかりではない。

幽界ともいうべき遠い遠いところに隠されているのは、守られるべき最もたいせつなものであることもある。悪いものであれよいものであれ、これら疎隔されたコンプレックスは、さまざまな刺激によって自我の前に姿を現す。迫害者、救済者、あるいはいわゆるイマジナリー・コンパニオン（イマジナリー・フレンド）などとしてである。そのときに自我意識が失われることがあるのは言うまでもない。

多重人格は憑依という現象にもつながっている。憑依するとされるのは、神仏、霊魂、精霊など。憑依する神霊は本来、非個人的なもので、集合的無意識に属していながら、個人のもとに姿を現す。これは、コンプレックスが、元型的な核のまわりに、集合的無意識由来の関連ある表象やイメージのみならず、個人的無意識および意識由来のそれらをも寄せ集めていることを反映している。コンプレックスは元型と個人をつなぎ、個人の経験に元型的なもののリアリティをもたらすという重要な役割も持っているのである。

## 対立から補償へ

コンプレックスは誰のなかにも多数あるし、それ自体が悪いわけではない。しかし、病理的なコンプレックスは、意識化し、自我に統合して、解消する必要がある。また、非病理的であっても、何らかの理由で自我との対話を強く求めているコンプレックスがあるのなら、やはりそうした作業を行なうべきだろう。そのための手がかりは、そのコンプレックスの帯びている感情にある。そこから入っていって、コンプレックスとのコンタクトを図り、対話を重ねていかなければならない。

そうした作業を行なうには、なぜ意識と無意識がそもそも対立的で乖離しやすいのかを知っておく必要がある。その原因は、意識に偏りがあることに存する。一般に、意識は認識を行なうとき、対象を二項対立的に捉えて一方の面を切り捨てている。善か悪か、美か醜か、強か弱か、といった具合である。そのために認識には歪みがたまってきて、切り捨てられたものが充満している無意識と対立するようになってしまう。心の全体性が損なわれるわけである。

ユング心理学が目指すのは、この心の全体性の回復である。原初の心は、その後に出現してくるいっさいのものの芽を含む、大きな混沌だと考えられる。そこから分化が進み、意識が生み出される。意識と無意識が分かれるのである。そのとき、原初の全体性は失われる。神話で言えば創造神話、つまり、世界のはじまりのときに光が現れて闇と分離したり、昼と夜とが分かたれたりする段階である（Neumann 1971）。

その後、さきほど述べた英雄神話の段階に入る（Neumann 1971）。そういうことは、個人のレベルでも起きるし、集合的な人類のレベルでも起きる。英雄が王国を築き、秩序ある世界ができあがる。しかし、王国の国境の外側には未開拓の領域が広がっていて、つねに鬩ぎ合っている。あるいは、王国の抱える矛盾が大きくなったり、人間が傲慢になったりして、崩壊の危機に瀕してしまう。

すると、それまで排除してきた領域からの要素を取り入れて、より包括的な新しい秩序に作り替えることが必要になる。これが変容神話と呼ばれる一群の神話である（Neumann 1971）。そこでは、全体性が回復される。ただし、原初の未分化な全体性の復活とはちがう。原初の混沌は、英雄の王国とまつろわぬものたちの跋扈する人外境に、いったん分化していた。個人でいえば、意識と無意識である。

分化したのはよいが、この王国は、非常に不安定なバランスの上に成り立っている。それゆえ、早晩、その不安定さが何らかの混乱を生み出し、秩序の再構築を迫ることになる。個人のレベルでいえば、症状や問題が起きて、生の方向性の再考を迫るということである。解決を図るための手持ちのカードが尽きたとき、可能性はそれまでに排除してきた要素のなかにしかなくなる。

そうした要素が取り入れられてはじめて混乱はおさまっていく。境界の外は境界の内とは対立的な関係にあったが、見方を変えれば、そこには境界の内にある偏りをカウンターバランスする力があったとも言える。つまり、補償の働きである。補償によって回復された全体性は、いったん分化が起きたあとに、分化した諸要素が再統合されてできたものである。原初の全体性が低次のそれだとすれば、この回復した全体性は高次のそれと言えるだろう。

人の心が全体性に近づいていくプロセスを個性化という。人がほんとうの意味で個になるプロセスの謂いである。心全体の中心をセルフ（自己）と見なすならば、これを自己‐実現と呼ぶこともできる。個の完成が全体性の実現と同義なのは、個とは必要な要素がワンセット揃った単位だからである。自我はしばしば、自分がお山の大将にすぎないことを忘れて、意識の領域だけが世界のすべてだと勘違いしてしまう。意識だけでは全体性から遠い。無意識との良好な結びつきがあってこその心の全体性である。

意識と無意識はワンセットでなければならない。しかし、その間にある対立に架橋することは容易でない。無意識的なものは外部に投影されるので、私たちの無意識は、疎遠な他人や外国や異民族などに対して感じられる理解し難さや齟齬として経験される。意識と無意識の対立の深刻さと統合の難しさは、国家間、民族間、宗教間の紛争が絶えず、調停や和解がどれほど失敗し続けてきたかを見てみればすぐわかる。

個性化は、個人においても、人類においても、困難きわまりない課題である。個人の個性化について言うなら、それは生涯を通じて続く終わりなきプロセスであるが、一つひとつの症状や問題を解決しようとするたびに確実に進展する。症状や問題は、むしろ個性化を進展させるために生じてきているのだ。ユングの心理学では、このように、症状や問題を目的性の観点から捉えようとする。

ポイントは、無意識が自律性を持っていて、意識の偏りを補償する働きがあるということに尽きる。多くの場合、無意識による補償の働きはコンプレックスの活動を介して起きる。コンプレックスは意識と無意識の両領域にまたがって存在しているからである。補償の働きが成功裡に取り入れられると、意識の目指していた方向でもなく、無意識の目指していた方向でもない、第三の道が明らかになってくる。その結果、対立は克服される。これを超越機能と呼ぶ。さきほど述べた高次の全体性は、そのようにして実現される。

## 象徴的イメージのリアリティ

「多くの場合、無意識による補償の働きはコンプレックスの活動を介して起きる」と述べたが、それがいちばんよくわかるのは夢においてである。コンプレックスは、しばしば夢のなかの登場人物として姿を見せる。いや、正確に言えば、人物とはかぎらない。超越的存在であることもあるし、動植物であることもあるし、鉱物など無生物であることもある。霊魂を持ちうるキャラクターなら、どんな姿にでもなる。

コンプレックスの核や背景には元型的なものがあるので、これら夢のキャラクターは元型的な性格の強い像としても出現しうる。しかし、たいていの場合、そのキャラクターには、元型的な核の回りに関連のある個人的表象があれこれくっついているから、コンプレックスと見るほうが理解しやすい。コンプレックスは元型的な領域から個人的な領域までを含んでいるため、両方の領域をつなぐ。つまり、自律的な無意識からのメッセージを意識に伝える通信翻訳装置として、無意識の補償作用の発現に寄与する。

無意識由来のイメージには象徴としての特質がある。意味を一義的に理解することはできず、多義的にして多層的である。ただ多義的なだけでなく、正反対の意味さえ同時に含みうる。だから、ほんとうの深みから浮かび上がってきた力のあるイメージなら、一方で意識の考え方に沿いながら、他方でそれとは対立的な観点を併せて提示できる。

たとえば、天なる神が受肉し、人間として地上に現れ、罪人として殺される、という衝撃的なイメージ。遠い昔、パレスティナに現れたそのヴィジョンは、清浄で完全無欠な神と罪悪にまみれた欠陥だらけの人間という対立的な図式のなか、両者を架橋し、その分裂を癒した。神が人間の罪を分かち持ち、みずからが人間に代わって罰を受けることで、人間は赦された。この両義的なイメージは二〇〇〇年以上にわたって多くの人々に救いをもたらしてきたのである。

こうした多義的な象徴を読み解く作業は、ユング派の分析において重要な部分を占めている。夢やイマジネーションに現れたイメージに含まれる複雑な意味やメッセージを解読し翻訳して意識化すること、そしてそれを可能なかぎり受け入れることで、自我は変容する。無意識由来のイメージに意識がきちんと向き合い、敬意を払って取り組めば、両者の間にある乖離は改善され、心は一つの全体に近づく。

夢の分析では、夢見の最中におけるリアルタイムな取り組みが難しく、覚醒してから遅れ馳せながらの理解や意識化を行なうことになるが、アクティヴ・イマジネーションと呼ばれるユング派独自の技法（Hannah 1981、Johnson 1986、Jung 1916, 1997、老松 2000, 2004a, 2004b, 2004c, 2011、Spiegelman・河合 1994）なら、覚醒している清明な意識状態で意識と無意識とが直接に対峙して、両者の和解と妥協が可能な一線を見つける作業がなされる。そうした落としどころが見出されたとき、意識と無意識はもはやばらばらではなくなる。

アクティヴ・イマジネーションは、「私」を主人公とした想像上の物語を継続的に展開させて経験していく方法である。この物語は、無意識の側が自律的に動く位相と意識ないし自我の側が自律的に動く位相の交代を繰り返すことによって紡がれていく。無意識そのものである想像のなかの世界とさまざまなキャラクターに、意識の側の代表たる「私」が積極的かつ意識的に関わっていって、相互に要求や主張を行ない、受け入れたり拒んだり駆け引きをしたりしながら摺り合わせを続ける。アクティヴな自我による折衝と呼ばれる作業である（老松 2000, 2004a, 2004b, 2004c, 2011）。

無意識由来のイメージには、たいへんなリアリティが伴っている。その証拠に、通常、夢を見ていても、それを夢だと思わず、現実であることを疑わないだろう。これが真正のアクティヴ・イマジネーションになると、イメージの体験のリアリティがさらにくっきりと感じられることも多い。アクティヴ・イマジネーションには、集合的無意識由来のイメージ、元型的なイメージが夢の場合以上に入り込んでくるからである。

「私の集合的無意識」や「あなたの集合的無意識」というものはない、と少し前に述べておいた。それは、私たちの内にあるようでいて、同時に外にも広がっている。元型的なものの経験は、内的な現実のなかでの経験か外的な現実のなかでの経験か区別がつかないことがある。とくにそのイメージにヌミノースムが伴っている場合、内的な現実と外的な現実との間の境界線そのものが、しばしばそれまでとはちがう位置に移動してしまう。

ヌミノースムとは宗教的なものの中心にあるとされる経験である（Otto 1917）。もとの語であるヌーメン numen は、神像がひそかに微笑んで意図を伝えるといった兆しやしるしを意味する（Jung 1997）。ヌミノースムは、魅惑（ファスキノスム）、戦慄（トレメンドゥム）といった要素から成る経験、魂が震撼させられる不合理な直接的経験を指す。そのとき、現実か非現実かを判断する能力、すなわち現実検討は拠って立つ基準を変える。そして、いわゆる二重見当識の状態になる。

二重見当識は、精神病者が持つ現実検討の歪みを表す症状と考えられている。つまり、患者は一方で明日、世界は破滅すると信じているのに、同時に他方で明後日、映画を観にいこうと考えていたりする。それはたしかに病理的だが、私は健康な二重見当識もありうると思う（老松 2010）。健康な二重見当識の持ち主は、現実検討の基準を複数持っていて、いかなる種類の現実をどの人が内的なものと見なし、どの人が外的なものと見なすかを正確に判断できる。そして、その判断に従って、一般的な意味での外界に苦もなく適応している。

## 超常現象に見られる共時性

ところで、ユング（Jung 1951、Jung, Pauli 1952）は、「意味のある偶然の一致」を共時性と名づけた。おじいさんが亡くなった瞬間、おじいさん自身の誕生記念に購入され生涯にわたって愛用されてきた時計が急に時を告げ、それっきり止まってしまった……。「大きな古時計」（保富康午作詞）で歌われているような現象がもしも実際に起きたところに居合わせたら、いったいどう思うだろうか。私たちはそこに、見えない意味をいやでも感じてしまうのではないかと思う。

ただの偶然にすぎない、というのはもちろん正論である。ただし、偶然という見方が、あくまでも因果律にもとづいた判定であることを忘れてはいけない。因果律の立場から見れば、なるほどそこに必然性はない。しかしながら、因果律は、複数の事象の間にある連関の有無を決定する唯一の原理なのだろうか。私たちは、因果律を金科玉条とする、いわゆる科学的な世界観に影響されすぎてはいないだろうか。

いや、そんなことを言うのは科学に対して失礼かもしれない。因果律にもとづくニュートン力学が、宇宙のような超マクロなスケールにおける事象や素粒子のような超ミクロなスケールにおける事象には当てはまらないことを、科学者はすでに自明のこととして認めている。この世の諸事象間の連関を支配しているのは因果律だけではない。因果律からすれば偶然としか見えないが、そこにじつは別の種類の連関があるという可能性は考えてもよいのである。

ユングは、ノーベル物理学賞を受賞した理論物理学者、ヴォルフガング・パウリと共同研究を行ない、因果律と並び立つもうひとつの連関の原理の存在を提唱した（Jung, Pauli 1952）。それが共時性ないしは共時律である。この非因果的連関の原理は仮説の段階にとどまっているが、心をめぐって生じる現象を扱うには不可欠なものと言ってよい。この場合の心は理知的な mind ではなく、無意識など未知の領域を多く含む psyche のことである。

より正確に言うなら、共時性の原理が働くフィールドは心のみに限定されない。亡くなったおじいさんと古時計の場合にもあるように、そこには物質や身体までもが巻き込まれていく。ユングはそのことについて、心の最深部に到ると、そこにはもはや心理的とも生理的（身体的）ともつかない領域があるとして説明した。その領域を類心的無意識と呼んでいる（Jung 1954d、Jung, Pauli 1952、Jung, 1997）。

ユング（1971/1987）は自身の興味深い体験を報告している。ある夜、ユングは、ベッドで横になって、前日に葬儀が行なわれた知人のことを思っていた。そして、突然、彼が部屋のなかにいることを感じた。アクティヴ・イマジネーションのなかで彼についていってみようと考えた途端、彼が戸口のところで手招きしているのが見えた。彼はそのまま外に出て、数百メートル離れた自宅に行き、自分の書斎にユングを導いた。そして、踏み台に上がって、書棚の高いところにある数冊の赤い本を指し示した。

その場面でヴィジョンは終わったのだが、ユングはいたく興味をそそられた。そこで、翌日、ユングは彼の妻に会いに行き、故人の書斎を見せてもらった。そこに入るのははじめてだったが、ヴィジョンのなかで見たままの書棚や踏み台があり、死者が指し示した赤い本もそのとおりの位置にあった。それらの書物のなかの一冊は、エミール・ゾラの『死者の遺産』だった。

このエピソードをめぐってユングが共時性の原理に言及しているわけではない。一般的に言えば、ユングがアクティヴ・イマジネーションのなかで見たものと翌日に故人の書斎で見たものとの一致は因果律で説明がつかない現象であり、偶然として片付けられることになる。しかし、そこに連関のあることを感じないではいられない。この「意味のある偶然の一致」を共時的現象と見てもよいだろう。ここでの二つの事象は時を同じくしてはいないが、パウリは、より重要なのは時を同じくすることではなく、意味を同じくすることだと指摘している（Jung, Pauli 1952)。

この不可解なエピソードは、いわゆる超常現象に分類してもよいだろう。ここでは、共時性が超常現象に対する説明原理の一つとなりうることに注目してほしい。このエピソードにおいても、おそらくは類心的無意識の領域を介して心と物質が結びついているわけである。しかし、それだけではない。心と物質のほかに霊も加わっている。共時性の原理は、現代の一般的な科学の視点に決定的に欠けている霊性へと扉を開いてくれる（老松 2016b)。

そして、さらにもう一点、このエピソードにイマジネーション、つまり意識的にイメージすることが関係していることにも注目されたい。ここでのイマジネーションは、ユングと死者というふたりの別々の個人の共通領域で展開している。前に述べた譬えで言うと、竹藪の二本の竹と共通の地下茎に相当する。つまり、個人の外に開かれている非個人的な領域におけるイメージ体験は、ユングの場合と同様、通常の内的な体験とは異なるリアリティを有していることがあるのだ。けっして、ただの夢、ただの想像と貶めてはいけない。

なお、共時的現象の発生の機序については、共時性がひとつの原理である以上、説明することができない。原理とはそういうものである。ただし、発生しやすい条件は、ある程度、経験的にわかっている（老松 2016b）。一つは、その人が身体との特異な関係性を有していること。たとえば、発達障害の人や発達障害に似た傾向を持つ健常者（私は「発達系」と呼んでいる（老松 2014））、あるいは一部のアスリートである。もう一つは、トラウマを抱えている人（Cambray 2009）。そして、最後に、アクティヴ・イマジネーションに取り組んでいる人である。

これらに共通しているのは「今ここ」への強烈な集中である（老松 2016b）。紙幅が限られているので詳しくは成書（老松 2014, 2016b）を参照されたいが、発達系は、未来への不安に怯えたり過去を悔やんだりするよりも、いま目の前にある物や目の前で起きていることに全力を注いで生きている。トラウマを抱えている人も、過去のものにならない、永遠の現在として血を流し続ける心の傷に苦しんでいる。アクティヴ・イマジネーションに関しては、意識の背景でつねにイメージの川として流れ続けている無意識への意識的没頭がある。

本章の最後に、武術や宗教の行においても「今ここ」への集中が強力に促されるという事実を指摘しておこう。つまり、未来も過去もなくなり、もはや目の前の今現在のみしかないという状態になってはじめて、永遠というものが一気に流れ込んでくるのだ。そこにおいてこそ、武術的な開眼や宗教的な啓示の経験される可能性が開かれることになるのである。

# 第三章　謫仙（たくせん）

## 戦時下の少年

前章で述べたとおり、ユング心理学では、生い立ちなど、個人的な経験にあとのあれこれの原因を探すことはあまりしない。あくまでも目的性重視である。とはいうものの、個人史をまったく無視して個性化を語るわけにもいかない。なので、本章では、Q師範の誕生から今日までを足早にたどっておこう。以下の内容は、主として、師範みずからの手になる回想にもとづいている。

師範の両親はいずれも関東の名家の出身。師範が誕生した当時、父親は、有名商社の中国進出の先兵として、大きな支店を任されていた。母親は主婦。姑娘(クーニャン)(若い娘)が世話役だった。同胞は、兄ひとり、姉ふたり、弟ひとり、妹ひとり(弟と妹は、のちに日本で生まれた)である。誕生の翌々年、日中関係の悪化のために一家は帰国し、父親は取締役東京支店長となった。

幼年時代は「体が弱いだけでなく、障子をパタッと音を立てるだけで目をさまし泣く子で、とても神経質」。感受性が強く、また好奇心も強かった。キリスト教系の幼稚園では集団行動になじまず、同じくミッション系の小学校に入ってもおとなしい子だった。東京の屋敷は広く、六人の子どもたちの世話は、ひとりかふたりいたお手伝いさんの仕事である。それゆえ、「平素は両親と直接話すことも少なかったし、触ったこともなかった」。

母親はやさしかったが、父親は怖い存在だった。倹約家で、家族に甘い顔は見せず、通信簿も「全優でなければ持ってくるな」と言うので、Q少年はおおいに困ったようである。しかし、父親は、何か思うところがあったのだろう、子どもたちのなかでQ少年だけを高級な寿司屋や温泉に連れていったという。「ひどく存在感がない私を哀れと思っていたのか」とは師範の述懐である。

父親とふたりで訪れたある保養地のホテルでは、夜にツインの部屋でベッドに入ったものの、打ち寄せる波の音が恐ろしくて寝つけなかった。Q少年は我慢しきれずに、「お父さん、お父さん。怖いよ、怖いよ」と声をかけた。すると、父親が目を覚まし、自分のベッドに入れてくれたので、その温かさに安心して寝入ることができたという。「一生の内で父に触った記憶はこのときだけだった」。

のちの霊性修行と関係があるかどうか定かではないが、小学一年生のときに買ってもらったセギュール伯夫人著、村岡花子訳の『いのちのき』という本が愛読書だった。主人公のアンリという少年が木々の精霊に出会う物語で、おとなになっても読んでいたとのことである。ちなみに、姉によるお話の語り聞かせは小泉八雲の怪談であることが常だった。

就学後まもなく、太平洋戦争が勃発した。戦時色は徐々に強まり、東京に集まってくる兵隊の宿泊用に部屋を提供しなければならなくなって、家には兵隊が出入りしはじめる。小学三年生時には戦況が悪化し、母親や弟妹とともに疎開を余儀なくされた。しかも、そのさなか、父親が保養先で急逝してしまう。しかし、Q少年はまだ「人の死の悲しさや虚しさは理解できなかった」。活計（たつき）はすべて母親が担わざるをえなくなった。

翌年になると、疎開先でもアメリカ軍による空襲がはじまったため、大学生の兄を除いて、一家はさらなる山奥へと再疎開することとなった。「武田軍の隠れ里」といわれる険しい山のなか、小さな集落で蚕小屋の一部を借りて暮らした。小学四年生時から中学一年の夏までのことである。師範は、この時期が自身の「性格形成に変化をもたらした」と述べている。というのも、土地の子どもたちとの関わりがたいへんだったからである。以下、師範の言葉を引用しよう。

「『東京っ子、走れ！』と棒で叩かれながら〔学校までの山道を〕走る。……ひ弱な東京っ子がついて行けるはずがない。泣きながら走り、倒れると倒れた体を叩かれる。いじめなんて甘いものではなかった。これが毎日。あるとき、帰り道で袋叩きにあった。私は堪忍袋の緒を切り、上級生の足にしがみつき、噛みついた。……泥だらけ、血だらけで家の近くに来たとき、母が気がついて、出てきた。……手には長い焼け火箸がある。竈で夕食の準備をしていたのだろう。子どもたちは驚いた。『Qのおっかあが火箸持ってきたぞ！』子どもたちは散って逃げていった。以来、私へのいじめは止んだ。これで私の闘争心に火がついた」。

食糧難の時代。父親の遺品で物々交換し、借りた畑に、そして石垣の隙間にまで、母親とともに野菜を作る日々。小六ともなると、中学生と偽り山仕事などもして手間賃を得ていた。橇(そり)で薪を運ぶのだが、丸太を半分に割った枕木を置き、そのままでは動かないのでコールタールを塗って、肩に紐をかけて曳くのである。崖から橇ごと転がり落ちるようなこともあった。

母親は、東京の兄のところ、関東の親類のところによく出かけた。Q少年は、「淋しくて、帰るであろう時間には約一キロ下方の山道を母が姿を現わすのをじーっと見ていて、遠く人陰が見えると坂道を転がるように駈け下りていった」。すると、母親は背負ったリュックサックを降ろし、路傍の石に腰かけて、「ハイ、みやげだよ」と何かしら食物を出した。そして、うれしそうに食べる息子を「やさしく見つめていた」という。

この疎開中、Q少年が小学五年生の夏に終戦となった。玉音放送は「子ども心にはピンとこず」、生活は変わらなかった。翌年、東京で学生をしていた優秀な兄が、卒業を目前に控えて栄養失調のため他界。母親の落胆は深かった。

師範によると、つらいことも少なくなかったけれども「この時代に山中で学んだことは多い」。つまり、自給自足の山暮らしのなか、少年時代のQ師範は、現代の人間には想像がつかないほどさまざまな動作経験をおのずと積むことができた。このことが、さきほど述べた闘争心の目覚めとも相俟って、のちに類い稀なる武術家が育ってくるための地味豊かな苗床となったのである。

また、この時代は、霊的な面でも意味深い時期だったようである。山中では住居の近くに土葬の墓があって、

「しとしとと雨が降るときなど、日中でも墓のところで火の玉が不気味に燃えていた。夜になるとそれが飛んでくる」こともあった。「向かいの山の尾根を夜には提灯行列のような光が点々と動くのも見て」いた。「山中の夜はまさに異界」で、「霊ということを考える下地がこの時期にできた」のかもしれない、と師範は言う。

## 戦後の放蕩と武術の発見

帰京は終戦から二年後、中学一年生の夏を待たなければならなかった。東京の家の焼け跡の土地を市に貸したところ、市がそこに一〇軒ほどのバラックを建てたので、その一軒に移り住むことになったのだった。屋根は厚紙にコールタールを塗っただけという粗末な建物で、六畳一間、三畳二間、炊事は軒先という狭さ。そこで、家族六人の生活がはじまった。

学力を取り戻すのに時間がかかったせいもあって、中学は一年遅れで計三校を渡り歩くことになった(小学校も三校)。この中学時代には、音楽にふれる機会が多かったらしい。夜は駐留軍のラジオ、FEN(極東放送)を聴きながら勉強。ジャズに親しむ。また、下の姉がN響(当時は日響)の定期コンサートに連れていってくれたことから、クラシックに没頭。母親もラジオでクラシックなどを聴きながら朝餉の仕度をしており、Q少年もこれを耳にしながら起床するのが常だった。

あるとき、ベートーベンの交響曲のクレッシェンドのところで、「少しづつ大きくなる音の粒子が全細胞から深々と浸透してくるのを感じた。音は耳だけで聞いていないことを実感として持ち、認識した」。師範によると、

「これがのちに、古武道の口伝にあるという『暗夜に霜を聞く法』を工夫したときに、すぐに体現できた布石になったと思う」とのことである。

この頃のことではないが、ついでながら、師範のクラシック好きにまつわるこぼれ話を一つ。学生時代のアルバイト先にやはり音楽マニアがいて、一方が弦楽器、他方が管楽器といった具合に分担を決めて、「運命」や「未完成」を全曲通して歌っていた。今でも、絶望感の強いときにはフォーレの「レクイエム」の祈りに身を浸し、つまらぬ争い事に巻き込まれたときには、カザルスのチェロをかけ、かの巨匠の言葉「小鳥はピース、ピースと鳴きます」をつぶやきながら涙することもあるという。音楽療法そのものである。

さて、中学時代はおとなしく過ごしていたQ少年だったが、高校に入ると一転してグレた。居住地が繁華街のすぐそばで、さまざまな欲望の坩堝（るつぼ）だったこと、勢力争いの激しいヤクザの縄張りとして知られた地で喧嘩などは日常茶飯事だったことも一因だったが、友人に誘われて入った高校が都下最悪の暴力教室だったことの影響も大きかったようである。しかも、「一年遅れで入ったからすぐに頭株になった」。

その学校はきわめて荒っぽいところで、「授業中に殴り込みがあったことも」ある。嫌いな授業や教師に対しては無視したり凄んだり。懇意になった近所の病院の看護師（当時の呼び方で言うと、看護婦）を通して偽りの診断書を作らせて提出し、授業をサボることもあった。休憩時間になると、相撲と称して「殴る、蹴る、投げる、何でもありのシャモの喧嘩のようなことをやるから皆は喜び」、本人は「悦に入っていた」。相手に大怪我を負わせたことも。このときに空手系の者や柔道系の者の動作特性を理解したという。

卒業はしたものの、高校三年生の頃から、「人はなぜ生きるのか、人はなぜ死ぬのか」という命題にはまり込んでいて、大学に行く気にはなれず、推薦入学を拒絶。そこからは「放蕩三昧。日中は三本立て映画館と名曲喫茶で過ごし、夜になるとバー、スナックに入り浸り」。帰る際には弟に電話をして、金を持ってこさせる。そうして、家の最後の資産を飲み潰した。弟からは恨まれたが、母親は「それで幸せだというのならいいよ」と叱ることがなかった。

この放蕩ももっともだったようにも思われる。師範自身の言葉によるなら、「この時期、私は死を深く考えるようになっていた。すべてがなくなる死というものを恐れた。寝ていて死の恐怖に襲われると、体が奈落の底に引き込まれるのを感じ、ガタガタと震えることもたびたび。私の放蕩も、死への恐怖からの逃避だったのかもしれない」。所持していた一〇連発のモーゼル銃の銃口をこめかみに当てたり、睡眠薬自殺を図ったりしたのは、ほかならぬこの頃のことである。

こうして方向を見失い強い不安にさいなまれていた一九歳のQ青年は、その年の初夏、自宅近くの公会堂にたくさんの人が入っていくのをたまたま目にした。立て看板には「各流古武道大会・入場無料」とある。「タダなら見てもいいか」と軽い気持ちで席に着く。さまざまな武術の流派が華々しく技を競っている。そのなかのある流派の演武を見たとき、青年は一気に引き込まれた。「やりたいと思った」。

それは、江戸時代、ある地方藩で門外不出の御留武術とされていた流派であり、演武していたのは全国への普及を図るために上京して道場を開いていた、当該流派の筆頭ともいうべき遣い手だった。演武のあと廊下に出てきたその武術家に気持ちを伝えると、稽古場はすぐ近くだという。翌週にさっそく訪ねて、その場で入門したのだった。なお、Q師範は、翌年以降、みずからも「各流古武道大会」に参加し、演武を重ねた。

この師匠が青年の苦悩を深く汲み取ってくれたことはすでに述べたとおりである。Q師範に観音への道を開いてくれたのはこの師匠だったと言っても過言ではない。さらには、師匠とのつながりから広がった武術仲間や先輩との交流、他流派や他分野の傑出した人物たちとの出会い。青年は多くのことを学んだ。そのような人々への感謝を師範は今でも忘れない。

入門から約二年。武術に打ち込むうちに、Q青年の心身に健康が戻ってくる。夜な夜なの放蕩にも終止符が打たれた。そして、ある大学の文系学部に入学。主任教授からクラス委員に任命されて、はじめからリーダー格になり、四年間続けた。同時に全学連主流派の学生委員も務め、ふだんは指導者役でデモに参加しているにもかかわらず、選挙になると師匠との絡みで与党の選挙対策委員も引き受けざるをえず、『『こんなこと、仲間に知られたら、俺は殺される』とぼやや」きながらアブナイ橋を渡っていた。

基本的に、午前中は学校、夕方はさまざまなアルバイト、何もない日や夜は名曲喫茶で予習中心の勉強という生活パターン。ユニークなことに、復習はせず、試験勉強もしない。麻雀や飲み歩きにはもちろん熱心だったが、仲間や他校の者たちとの交流活動を新たに開拓することにも積極的で、哲学論争、文学論争を夜っぴて楽しんだ。卒業論文の研究では、教授たちの知らない詩人をテーマに選び、まったくの「独壇場」。Q青年はこうして学生生活を謳歌したのだった。

なお、Q青年の心身の健康は回復した旨述べたが、大学時代、頭痛にだけはひどく悩まされたとのことである。「脳腫瘍なのかもしれないと本気で考えていた」。しかし、これは、のちに師範が理解したところによると、「強い気が頭部に上昇した結果」なのだった。当時、自覚はなかったものの、青年は、いつのまにか「強い気が周流する身体になっていた」。

## 行の人生

大学卒業後は、父親の後輩で経済界の大立者と呼ばれた人物の斡旋により、系列の某社に就職。某社は数年後にある大企業と合併。Q青年は、まもなく訪れた高度経済成長期を、主としてマーケティング畑のいわゆる「モーレツ社員」として過ごすことになる。環境問題や公害問題にも精通、業界紙の編集なども手がけた。多忙で帰宅することもままならず、武術に関しては事実上一〇年以上の中断を余儀なくされた。

その間、多大なストレスにさらされ、消化器系を中心に「心身ともにボロボロ」。そのため、あらゆる健康法の本を読み、みずから試行錯誤を繰り返した。そのため、マクロビオティック（独特の陰陽論を加味した食養生法）をはじめとして、漢方、鍼灸、リフレクソロジーなど、さまざまな代替医療やヒーリング技法にも詳しい。

もっとも、転んでもただでは起きないのがQ師範。玄人はだしの音楽好きであるところを活かして、社内でバンド活動を行なっていた。きっかけは、会社のレセプション用のバンドが必要となったことで、「それならばと仲間を集めてバンドを作った」。バンドマスターとして、はじめはギター、のちにはベースに持ち替えて、ジャズを演奏。「当時流行のロックに対抗して、『本格派ジャズを守る会』と称し、対外活動も行なった」。

その後、第一次オイルショックが起きた。「『これで世の中の価値観が変わる』。おのれを振り返ってみて、『しまった。私の人生が流されてしまった』と心底から思」わされることになった。生活の「再構築を迫られ」、見直しを開始。あり方を「一八〇度転換」し、家庭も持った。そして、ちょうど親しい後輩が自前の道場を開いたのを機に武術の世界に戻ることを決心した。「ボロボロ」だった心身の回復にそれから三年を要し、消化器系が調子を取り戻すには退職を待たなければならなかったという。

こうしてQ師範が武術の世界に戻ってほどなく、師匠が他界。四〇代前半だった師範はみずからの武術団体を設立し、故人の遺志を継いで斯道の普及に力を注ぎはじめる。そして、数年の服喪ののち、当該武術発祥の地で頑固に古伝を守り通していた大師範（故人の弟弟子にあたる）に師事。この第二の師から免許皆伝を受けた。かたわら、許可を得て、他の流派の武器術や体術も広く学んだ。

五三歳で定年退職したあとは、武術の追究に専念。みずからのたゆまぬ研鑽を続けるとともに、道場での弟子の育成、武術の普及発展、関係諸団体の役員としての運営に尽力している。著書やエッセイの執筆、関連書籍の編集、ＤＶＤの作成などへの精力的な取り組みのほかに、いくつかの大学で非常勤講師を務めたり、学会で招待講演を行なったりといった学術的活動も幅広くこなす。読書量もたいへんなものである。

特筆すべきこととして、夫人からの影響もあって、師範は能や日本舞踊などの芸能に造詣が深く、そこでの意念と動作の研究も欠かさない。「勝負の気持ちで見る」と師範は言う。余談になるが、師範の愛読してきた泉鏡花「歌行燈」（能「海人（あま）」がモチーフの一つ）には「呼吸の間」の重要性が秀逸に描かれているとのことである。師範にとって、芸能はまた、時代のとどまることを知らぬ変化のなかでの伝承という困難な課題が武術とも通底するため、参考になるところが少なくないのだろう。

ところで、Q師範が第二の師について学び直しはじめた頃から、霊性修行も重ねられるようになっていく。本書では、このあと、そこを詳しく見ていくわけだが、年代別に分けてざっと眺めておこう。四〇代半ばから、臨済宗の有名な老師のもとに参禅。これは、毎週日曜に、およそ一〇年間にわたって続けられた。四〇代後半から五〇代前半にかけては、ある呼吸法メソッドの習得に打ち込む。

呼吸法というと、特別な呼気と吸気の方法を指すのが一般的かもしれないが、いわゆる気のめぐりや操作にもとづいて身体を運用し、もって心身を堅固に練り上げる方法を指すこともある。後者の用語法は合気系の武術で用いられることが多い。そして、後者の意味での呼吸法には、武術からは基本的に距離を置いた心身の調整法ないしは行法として発展した流派もある。本書では、そのうちの特定の一派を「呼吸法メソッド」と呼ぶことにする。呼吸法メソッドは、師範にとって、武術のための霊的な身体作りに著効があったようである。

また、師範は同時期に、さる宮司の指導で古神道の行法も学んだ。宮司の諸社巡拝にも同行している。この宮司は、高名な古来の禊行法再興者の直系で、高齢になっても厳冬の北の海で禊ぎを続けたことで知られている。

退職の少し前からは、「近辺にさまざまな異能者が現れ、異界のことを学ぶことになった」。Q師範が、神々や諸仏など、超越的存在との交感にそれまで以上に開かれていった時期である。そして、六〇歳頃からは、天台系の修験者を先達として滝行に励む。その場に流祖の霊が現れたこと、のちには流祖のみならず先師たちの霊も現れて、現界と異界の両方にまたがる稽古会が営まれ、師範が「数年にわたり膨大な術技の伝授を受」けたことはすでに述べたとおりである。

師範はもともと感覚が鋭く、後の諸章でも述べるように、いわゆる超感覚的知覚に類する経験にも事欠かない。あまつさえ、霊性を磨く行に身を投じ、霊的な機能が鋭敏化すればどうなるだろうか。ここで、重要な師範の言にふれておこう。「この観点から先の訓練をすれば私は霊能者になるかもしれませんが、やりません。逆に、その一線を越しそうに感じたときは、逆戻りする努力をしました。私は五欲をもとに四苦八苦のなかで普通に生を尽くす人間でありたいと願っているからです」。

七〇代前半、師範は病いに倒れた。大きな手術を経て、一時は体重も減りひどくやつれた様子だったが、体力は徐々に回復。各地の道場での指導に復帰している。そして、ひとたび演武となれば、円熟のなかに以前にも増して鋭さの加わった境地を体現し、まさに武術家の面目躍如である。後進への術技や体験の伝承にもいっそう意が注がれるようになっており、本書もそのおかげで世に問うことができるというわけである。

## 生と霊性

本章の最後に、師範の生と霊性の関係を考えておきたい。それが、あとに続く諸章で師範の霊的な行の意義について論じる際に、必要不可欠な土台となる。要は、「はじめに」で述べたことと本章で紹介してきた師範の人生とをユング心理学的な観点から考察し、ほかならぬこの人生において霊性の追究が希求された理由や必然性を探っておきたい、ということである。冒頭から本章までの内容をひとまずまとめてみる作業にもなるだろう。

いま、「理由や必然性を探っておきたい」と述べたが、すでに説明したように、ユング心理学では因果的な立場から生を眺めることは少ない。重視されているのは、因果的な理由づけではなく、目的的な理解である。つまり、過去のいかなる状態が原因となって現在の状態を結果したかを還元的に探るよりも、現在の状態は未来にいかなる状態を生み出すことを目的として存在しているのかを考えることになる。

この観点から見た場合、何よりもまず注目すべきは、第一章で述べた次のようなことである。すなわち、師範においては、自律性を持った鬼神力が武術上の行動特性として姿を現していること。ほとんど別人格として自律的にふるまう力である。そして、心の一要素がこのように別人格的なふるまいをする場合、その要素は心的には空間的ないし時間的に自我から隔てられていることが多いことも指摘しておいた。

第二章で説明したユング心理学の概念で言うと、こうした別人格はコンプレックスに相当する。あらためてコンプレックスの定義を述べるならば、「ある感情に色づけられた表象やイメージの集まったもの」である。この場合、「ある感情」とは、絶望、憤怒、悔悟などの混じり合った複雑な感情である。それは、師範の先祖の体験における、剥奪、喪失、罪によって象徴されるものだった。

このコンプレックスを、ここでは仮に「鬼神力コンプレックス」と呼ぶことにしよう。ところで、あらゆるコンプレックスは元型的な核ないし背景を有している。この核を中心として、いま述べた共通の感情を帯びた表象やイメージが一つのかたまりを形成していると考えられる。それらの表象やイメージのなかには、集合的、普遍的、生得的なものもあれば、私的、個人的、後天的なものもある。

後者、すなわち、関連のある、私的、個人的、後天的な表象やイメージとして、本章で縷々述べてきた師範の人生におけるさまざまな体験に由来するものがある。絶望、憤怒、悔悟といった感情で彩られた剥奪、喪失、罪にまつわる個人的表象となると、何があげられるだろうか。ごく幼い時期の帰国により失われたなじみの環境、裕福であるがゆえに乏しかった両親との接触、父親の急逝でもたらされた不安定な生活、空襲に代表される戦争による生命の危機、疎開先での尋常ならざる被虐待的体験と闘争心の覚醒、好戦的な思春期など、多数考えられる。

一方、集合的、普遍的、生得的な表象やイメージとしては、悲劇的、疎外的な神話的物語はもちろんのこと、その反転である勇壮で残酷で荒々しい神話的物語も考えられよう。たとえば、「はじめに」で少しふれた日本神話の武神、武甕槌命（たけみかづちのみこと）が出雲で大国主神（おほくにぬしのかみ）に国譲りを迫ったり、それを受け入れない建御名方神（たけみなかたのかみ）と闘争を繰り広げ追走したり、といったエピソードである。あるいは、武術諸流派における流祖の好戦的な英雄伝説の構成要素なども、そういったイメージの一部を構成しうると思われる。

心理学的には、これらはあくまでも鬼神的な元型的イメージであって、元型そのものではない。コンプレックスの元型的な核に引き寄せられたイメージ群であるともいえるし、元型的なものの投影を担うイメージ群であるともいえる。Q師範の武術の流祖もさまざまな怪物的伝説に彩られた人物であり、いってみれば荒ぶる神話的存在になっている。そのような流祖と師範をつないでいるのが、鬼神力コンプレックスであることになる。

なぜなら、このコンプレックスのなかで、鬼神的な集合的イメージと鬼神的な個人的イメージとが結びついているからである。言い換えれば、鬼神的な集合的イメージが、それを経験している個人の個人的経験のイメージによってコーティングされて意識化されうることになる。具体的には、ある元型的で普遍的なものが流祖という歴史上の人物として姿を現し、さらには師範という個人と関わりを持つ、という現象が起きる。

くりかえし述べておくが、基本的にユング心理学は、師範の個人的な剥奪体験や喪失体験を、長じてのちの霊性に取り憑かれたかのようにも見えるあり方の原因と考える立場をとらない。そうではなく、そこに生じていた何らかの偏りを補償し、失われている全体性を回復させようとしているとする目的的な見方をたいせつにする。そして、その目的の実現のために、おのずからコンプレックスが形成されて、個人的な体験が元型的なイメージと結びつけられることを重視している。

この元型的なイメージの重要な特徴の一つは、そこに対立的な両極を内在させていることである。つまり、元型におけるある側面の背後には、それと正反対の側面が必ず存在している。したがって、たとえ個人的には剥奪や喪失しか経験しなかったとしても、コンプレックスを通じて元型的な両極性にふれることができれば、現実では経験したことのない惜しみなき慈愛をわがものとすることも可能になる。ユング心理学の考える目的性とはこういうものである。

では、師範は、鬼神力コンプレックスを通して、いかなる補償的な元型的側面にふれただろうか。ここで思い出さなければならないのは、鬼神力の発現が観音にまつわる物語を背後に隠し持っていたことである。つまり、鬼神力コンプレックスは「観音力コンプレックス」とでも呼ぶべきものと表裏一体になっている。師範が生涯を通じて観音の力を探し求め、観音の力に導かれてきたことに注目する必要がある。

ついでながら、ここで武術に関して言い添えるなら、この鬼神力コンプレックスおよび観音力コンプレックスの中核となっている元型をかりに「武術元型」と名づけてみてはどうだろうか。あるいは、こう言ってもよい。鬼神力コンプレックスとは、武術元型を背景に否定的感情を帯びた表象やイメージが凝集した陰性武術コンプレックスの別名であり、観音力コンプレックスとは、肯定的感情で色づけられたそれらがかたまりとなった陽性武術コンプレックスの異名である、と。

# 第四章　移し身

## 行の目指すもの

本章以降、Q師範の行における体験を述べていく。師範が長い年月の間になしてきた行はまことに多岐にわたっているが、そこには一貫した目的意識と哲学がある。一つ目は、なにごとであれ、奥義と呼べるほどに高度なものなら、字面や通常の求道でわかる範囲は限られている。したがって、不即不離に存在する行の経験を通してわかっていないと真実は理解はできない、ということである。

たとえば、「はじめに」で國井善弥の師のひとりとして紹介した著名な神道学者、今泉定助の大祓（おおはらへ）に関する所論「大祓講義」（今泉1938）を念頭に、師範はこう述べる。「私が拙著でも書いた神仏論の高度な原型とも言えるもので、私の理解は今泉先生の考え方を現代的に次元を落としたものと言えます。……大祓は祝詞の言葉だけがたいせつなのではなく、半面に『行』があり、それがわからないと真の大祓はわからない、本居宣長も平田篤胤も行を知らないために真実がわかっていない、と形なし」。

行に対する師範の目的意識と哲学の二つ目は、あくまでも武術家の立場から行を捉えていることである。けっしてその法を越えることはない。師範は言う。「私の行に対する基本姿勢は、宗教者をつくるためではなく、あくまでR先生〔流祖〕の心身の高みを目指すための方法論であり、人間として正しい道筋を外れるようなリスクは回避します」。

これは、前章でふれた、霊能に対する師範の考え方と軌を一にするものである。師範の言葉を再掲しよう。「この観点から先の訓練をすれば私は霊能者になるかもしれませんが、やりません。逆に、その一線を越しそうに感じたときは、逆戻りする努力をしました。私は五欲をもとに四苦八苦のなかで普通に生を尽くす人間でありたいと願っているからです」。

以前に電話で話したとき、師範は、武術家である自分の行の体験の一つひとつは専門の宗教家のそれに比べれば中途半端なものにすぎない、と語った。なるほど、そうかもしれない。しかし、逆に言えば、師範は、市井で生きる者の悲喜こもごもの人間らしさと両立しうる霊性を想定していることにならないだろうか。霊性を錬磨しながら、なおかつ断乎として俗のなかにとどまるというわけである。

このことを言うために、師範がしばしば口にする表現がある。「武術家としての矜持」というのがそれである。

その凜とした響きのなかには、まことに深い含蓄がある。なぜなら、いっさいを放下し一般的な価値観を投げ捨ててまっすぐに宗教家や霊能者になることよりもずっと難しい、非常に高度な霊性のあり方を指し示しているように思われるからである。真の全体性というものはそういうところにあるのかもしれない。

さて、前章でも少し述べたように、身体、心、霊に関する師範の行歴はきわめて幅広いもので、驚くほど多方面におよぶ。そのうちの主たるものを大きく分けると、仏教系の行としての臨済宗、曹洞宗、黄檗宗の坐禅、真言宗の月輪観（がちりんかん）、古神道の禊祓および各種の鎮魂法（友清歓真（ともきよしさね）の神道天行居（しんどうてんこうきょ）に伝わる行法、田中治吾平による「奥津鏡（おくつかがみ）の行」など（津城 1990））、合気系の心身調整のための行としての呼吸法メソッド、修験道系の行としての滝行（水行）ということになるだろう。

以下の諸章でこれらについて順に解説していくことになる。しかし、その前に、師範の行全体のなかでそれぞれがどう位置づけられており、いかなる意味合いを有しているのか、簡単に説明しておく必要があろうかと思う。というのも、それらは、実際には相互に絡み合い、分かち難く結びついていて、巨大な行の連続体を成しているからである。それぞれの重点だけでもあらかじめ概観しておけば、理解するのに役立つだろう。

まず本章で、師範の仏教系の行における経験を中心に述べていく。とりわけ坐禅に関するあれこれは、仏教的という点では、第一章で詳しくふれた観音への帰依に通じるところもないではないが、また別の次元での霊的な深さを示す経験と言ってよいと思う。そして、それが、武術の本質の一つと考えられる、ある非常に興味深い現象と結びついていることが注目に値する。

次の第五章で、呼吸法メソッドにおける経験を扱う。師範にとって、この呼吸法メソッドは、一般に武術家の力量を反映するメルクマールとされている丹田の形成に寄与した方法として特異な位置を占めている。身体的もしくは心身的なトレーニング法とも考えられるので、これを行とみなしうるかどうかについては異論があるかもしれないが、師範の場合、そこで形成された丹田の質とその力の発動が明らかに霊的な色彩を帯びているので、本書においては行の一種として扱いたい。

第六章では、師範の修験道系の行における経験にふれることになる。そこで扱うのは、一〇〇回をゆうに超えるという師範の滝行（水行）にまつわる事象が中心である。滝行は師範における丹田の形成をさらに強烈に促進した。呼吸法メソッドによる丹田の形成がすでに一定以上の水準でなされていたところに、この滝行の効果が相俟って、言うなればここに丹田の完成を見ることとなったのである。

さらに、それに続く第七章では、この修験道系の行からはからずも発展してきた驚くべき経験を明らかにする。「はじめに」でわずかにほのめかしておいた、いわゆる霊異相承である。すなわち、神霊としての流祖が霊媒に憑依し、その霊媒の身体能力をも完全に支配下において、師範との間で高度な術技の伝授を直接、数年間にわたって行なったのだった。ことの性質上、この経験にも行として側面があると言えよう。しかも濃厚に。

## 坐禅における気づき

では、Q師範の坐禅による行の模様からはじめよう。師範が四〇歳を過ぎて武術の世界に復帰したことはすでに述べたとおりである。これとほぼ並行して、師範は坐禅に取り組んでみようと思い立った。というのも、かねてより尊敬していた臨済宗の老師が主宰する坐禅会があることをふとしたきっかけで知ったからである。毎週日曜に催される集まりである。

臨済宗の坐禅は公案を使う。パラドックスに満ちた、正解のないクイズのようなものである。たとえば、有名な「隻手音声」という公案では、両手を打つとパンと音がするが、片手ならどんな音がするか、と問われる。理屈では出しようがない答えを、坐りながら必死で考えるのである。答えを思いついたら老師に言いに行く。しかし、もちろん、ちがうと追い返される。そこで、また別の答えを考えて言いに行く。これを繰り返しているうちに、あるとき、ふと論理を超えた答えに思い至るのだ。老師に認められたら、次の公案が与えられる。こうして、一面的な論理に捕らわれないあり方が養われる。

Q師範は当初、毎回、かなり遠方から片道一時間以上をかけて通っていた。しかし、まどろっこしいことを好まない性格の師範は、ほどなく老師の道場近くに住居を移して参禅することになる。このエピソードからだけでも、かなり熱心な取り組みがなされたことがわかるが、そこでの坐禅の行は、老師が病に倒れるまで、およそ一〇年間にわたって続けられた。

師範が坐禅のなかである気づきを得たのは、四〇代後半のことだった。師範は「下半身が固いため、坐禅における基本的姿勢である両足を組む結跏趺坐はきつすぎ」て、坐ろうにも坐れない。やむなく、「片足だけ組む半結跏で坐禅をする」のだが、それでもきつい。「この姿勢で腹を前に出して三〇分も坐るのは拷問です」とは師範の弁である。師範にしてみれば、まことに不自然きわまりない姿勢なのだが、それでもひたすら耐えながら坐り続けていた。

ある日のこと、時間が経過するうちに、「下半身の痺れが激痛に変わった」。そして、「足の痺れと激痛に耐え難くなったとき、全細胞が異常な透明感にな」った。それは「経験したことがないほどの極端な透明感」だったという。そのとき、「丹田に『どさっ』と何かが響いた。目を上げて前を見たら、数メートル前で坐っておられる老師の前にある線香立ての線香の灰が落ちる音だった」。

それだけではない。「同時に、天空で鳴いていた雲雀（ひばり）の声と羽ばたきが喧しいほど耳もとで聞こえた。というより、それらが頭蓋骨内に入った感じだった」。これは、師範にとって、「震動波と身心が一体化」した、あるいは「対立的距離が消え、灰や雲雀に同化」した、と感じられた瞬間だった。その結果、「距離が消えたということは時間も消えたと実感認識した」のである。

ここにあるのは、「時間と距離がないという気づき」である。おそらく、そのとき、眼前を覆っていたベールが取り払われ、まわりに立ち込めていた霧が一気に消え去ったような、晴れ晴れとした感覚があったにちがいない。「われわれ人間が尺度としている時間、空間、距離という概念と次元がちがう世界があるということ」。師範はそのことに思い至ったのだった。

瞑想中、単調な刺激が長時間続いたり、新たな刺激がなくなったりして心的水準に変化が生じると、感覚が鋭敏化する現象が起きることがある。実際、宗教家の瞑想などの行の記録には、師範の体験と類似の、線香の灰がドスンと大きな音を立てて落ちたというようなことがときおり書いてある（田原 1999）。一般の人でも、入眠時、出眠時には同様の現象が生じやすい。私自身もとくに入眠時に聴覚過敏状態になることが多く、距離が一気に短縮されて驚愕することがある。明瞭な覚醒状態における師範の経験と同一視することはできないが、何か近いことが起きている可能性はある。そして、むろん、ここで重要なのは「気づき」の内容である。

師範は控え目に、「私は悟りについてはわからない」と言う。そして、自身の体験したものを、あえて「悟り」ではなく「気づき」と呼んでいる。あるいは、『体感』と言ったほうが正しいかもしれない」とも。師範は体感を通して理解することを何よりも重視する。とまれ、ここでの気づきは、行ならではの成果と見るべきだろう。

この「時間と距離がないという気づき」は、その後の師範の「世界観に大きく影響を与え」、「宇宙観は決定的に変わった」。とはいえ、師範は、いかなることが自覚できたとしても「しょせん未知の世界のごく一面」にすぎない、としごくクールである。その気づき自体を相対化しうるところが、絶対的なものの存在を認めない坐禅という行の実践者らしいところかもしれない。

## 坐禅の姿勢の身体論

ところで、坐禅の際の姿勢に関して、結跏趺坐ないしは半跏趺坐で「腹を前に出して三〇分も坐る」云々と記した。この坐り方について師範はある興味深い指摘をしている。私のような者から見ても非常に武術家らしい観点と思われるので、師範からの受け売りになるが、ここに付け加えておこうと思う。

師範によると、一般に坐禅の際の姿勢としては、道元禅師の「普勧坐禅儀」に書かれていることが正しいとして指導される。そこには、「鼻と臍を対せしめる」とある。これを根拠として、多くの坐禅会の指導者は、「坐禅をする者の腰椎三・四番の部分を押して腹の上部を前に出させ」ている（つまり、五つある腰椎の上から三・四番目あたりを前方に押し出して上体を反り返らせたような姿）。しかし、「この姿勢は腰椎に強い負荷がかかるため、その姿勢を長時間維持するのは苦痛」である。師範の場合は、それもあって、激痛が生じることになる。

ここで問題なのは、「この姿勢は鼻の垂直線下に臍があるとはいえ、臍が下を向く」という点である。なるほど「鼻と臍を対せしめる」にちがいはないが、何か理に合わないところがあるのではないか。それが師範の抱いた疑問だった。師範は、一〇年間の参禅ののちに懇意になった別の高名な老師に、次のような言葉でこの疑問をぶつけてみた。

「この姿勢のあり方は『鼻と臍を対し』という表現の理解のちがいではありませんか。『対し』ということは、対向するという意味のはずです。今までのやり方だと臍が下向きですから、対向していることにはなりません。身体論として言わせていただくと、骨盤の下部を前に出すこと、そうすると腰椎の不自然な負荷がなくなります。京都や奈良の古い仏像をご覧ください。みなそうなっています。不自然な姿勢で悟りを求めようというのはいかがなものでしょうか」（図5）。

「身体論」の見地から少し解説が必要かもしれない。臍とは直接関係がないのだが、武術などをやっていると、しばしば出会う場面として次のようなものがある。初心者に対して「ここで腰を入れて」と指導した場合、たいてい腹を突き出してしまうのである。つまり、「腰を入れる」ということを、腰椎下部を前方に押し出すことだと思い込んでいる。

図５　渡岸寺観音堂十一面観音の立ち姿（向源寺発行の絵葉書より）

「腰を入れる」は、「腰を立てる」とか「骨盤を立てる」などと表現されることもある。「骨盤を立てる」という言い方が、その姿勢をいちばんイメージしやすい。骨盤はふつう前傾しているので、これを立てるとすれば、骨盤の上部は後方に動き、骨盤の下部が前方に出るはずである。したがって、腰椎下部を前方に押し出すのは正反対の動きなのである。「腰椎三・四番の部分を押して腹の上部を前に出させ」るのも、これと同様の動きとなる。

うまくイメージしてもらえただろうか。「骨盤を立てる」、「腰を入れる」は、武術における姿勢としては基本中の基本である。いや、武術においてだけではない。おそらく、ほとんどのスポーツやムーヴメントに関しても同様だろう。骨盤を立てなければ軸が通らないし、もちろん保つこともできないからである。「腰椎に不自然な負荷がかかる」ことは言うまでもない。

臍はおおむね骨盤上端あたりの高さにあるから、腰椎三・四番を前方に押し出すと、腹の側でいえば臍より少し上の高さの部位が突き出ることになる。したがって、臍は下のほうを向く。それだと、当然ながら、臍が鼻と向き合わないことになってしまう。臍と鼻が一直線上にあることはまちがいないとしても、両者は対向していない。

これに対して、師範が主張するように、「骨盤の下部を前に出す」とどうなるだろうか。それまでの下腹部の前傾の度合いが少なくなるから、臍は相対的に上を向くようになり、鼻と向き合うだろう。軸がまっすぐに通るので、脊椎のどこか一点に過剰な負荷がかかることもない。さすれば、修行者は安定して坐禅に集中することができるだろう。これが道元の勧めている坐禅の姿勢の本義ではないか。師範はそう指摘しているのだ。

これを聞いた老師は納得し、その後みずからの主宰する坐禅会における姿勢の指導方針を改めたという。ただし、師範としては複雑な思いもあるらしい。というのも、師範の場合は「不自然な姿勢の激痛の先に次元がちがう気づきを得た。自然な姿勢をしていたら、この気づきはなかったと思う」からである。まこと、師範自身の言のとおり、「『正しい』ということについて考えさせられる」。

## 空前絶後の怪僧

師範は刀の優れた遣い手でもある。愛用の日本刀は「鉄をも断ち切る」ことが実証されており、しかもほとんど刃毀れしないことで知られている。この刀は特殊な製造工程を経て生み出される。師範の愛刀を作った刀匠の先代が、古刀の失われた製法を研究して再現することに成功したものである。一般的ないわゆる新刀が、製造に高温を要し、硬鋼と軟鋼を貼り合わせる「合わせ鍛え」であるのに対して、この斬鉄剣は、比較的低温で硬鋼と軟鋼を練り合わせて作られる。

話が少し逸れてしまったが、師範は、この「無垢鍛え」ないし「まる鍛え」と呼ばれる製法を復活させた先代の刀匠と懇意だった。その縁により、中部地方のある禅寺で厳冬の行をしたことがあるという。曹洞宗系の寺院で、行としては坐禅と水行が中心だったようである。坐禅は曹洞宗の伝統に則って只管打坐。臨済宗の坐禅のように公案の答えを捻り出すのではなく、ただひたすら坐るのである。水行のほうは、水槽に入って頭から桶で何度も冷水をかぶるやり方だった。

夜には、他の参加者も含めて全員で般若心経を唱和する。しかしながら、ふつうと異なり、「この寺の般若心経の読経のテンポが極端に遅い」。すると、まるで「倍音声明」のようなコーラスの響きになるのだそうである。それによって、「ふだんとちがう生体反応にスイッチが入る方も出て、おばあさんが座ったままピョンピョンと跳ねていた」たという。

特筆すべきは、そこの住職である老師が「異次元」の「とんでもない人」だったことである。とんでもないことに人一倍通じている師範がそう言うのだから、そうなのだろう。そこで、しばらくの間、師範の坐禅による体験の話からは離れて、その老師がおそらくは厳しい行の積み重ねの果てにたどり着いたと思われる驚きの境地について、師範の言をもとに記しておくことにしたい。

まず、老師の顔は「龍そのもの」だったという。容貌魁偉であることからしてただ者でないことが知れるが、この怪僧が常識ではありえないことを次々と体現してみせるのである。たとえば、「刀を体に刺しても平気」。それどころか、「真剣の刀身を掴むと、刀身がグニャグニャに」なってしまう。また、何も持たずに「火のないところで火をつけ」たり、「岩に線香を刺したり」するのである。

さらには、老師が自分の坐っている座布団を引いてみろと言う。何だかよくわからないが、言われるままに座布団を「引くと出てくる」。老師がその上に座ったままなのに、座布団だけ引っ張り出すことができてしまったのだ。ついで、老師は、その座布団をまた入れてみろと言う。狐につままれた気分のまま、座布団をもとあったところに「入れると入る」。やはり老師は坐ったまま。まったく動いていない。老師は「つまり、浮いているのである。

また、こういうこともあったという。朝、参加者全員による勤行があり、そのとき老師からいきなり、「今日はすばらしい武術家が来ておられるから、ぜひご披露をお願いする」と言われ、師範はやむなく、同行していた別流派の武術家と交代しながら、ひとり演武をする羽目になった。そのとき、老師は右正面に坐っていて、左正面には老師をかたどった彫像が置かれていた。

他流の武術家が先に演武。Ｑ師範があとから演武を行なった。不思議なことに、「演武中、左正面の彫像だけは視野に入るのだが、右正面の老師の姿が見えない」。ところが、さらに不思議なことに、「終わって一礼したら、なんと右正面から声がかかった。『本日はすばらしい演武をありがとうございました』」。師範の反応は「?·?　あれっ。いたんだ。見えなかった」。

師範は達人である。目がいい。一般の人間ならとうてい目で追うことのできない身体や物の動きが見えるし、何も考えなくとも、たとえば隙のあるところにはおのずから目が行く。気配、あるいは殺気や殺意も感知できるし、いわゆる幽体さえ捉えることができるという。その師範が見ても見えなかったのだ。

もうひとりの武術家にも確認したところ、やはり演武中には老師の姿が見えなかったと言う。「武術家としては完敗だった」。これは、忍術で言うところの「移し身の術」に相当するのだそうで、「その後、こんな人に会ったことはありません」と師範。すでに何度か述べてきたように、師範はさまざまな領域の異能者を見てきた人である。かの老師は、その師範をして空前絶後と驚嘆せしめる怪物和尚だった。

ちなみに、師範はこう質問したそうである。「そういう異常なことをなぜお見せになるのですか。誰にとって何の意味がありますか」。老師の答えは「何の意味もない」だった。そこで師範は、ここぞとばかりに老師に畳みかけた。「意味がないのなら、なぜそういうことをやるのですか」。老師の答えがふるっている。「信者さんが喜ぶからよ」。なんとまっすぐで豪胆な、飾り気のない言葉だろう。師範が「老師に惚れました」と言うのもわかる気がする。

## 時間の分断

さて、師範自身が経験した坐禅の行の話に戻ろう。師範によると、坐禅と坐禅に関連する行を続けて集中力が極度に高まった結果、「意識の凝縮」を生じ、それによって「時間の分断」が起きるようになったという。正確に言えば、坐禅のみによる影響ではなく、次々章でふれる滝行など、他の諸々の行の積み重ねの影響が複雑に絡み合っての経験と考えられるが、ここで述べておくことにする。

師範は言う。「私は一時期、無意識の内に非常な意識凝縮を生じた場合、その場の空間の時間分断をしてしまうことが生じた」。時間の分断とは、いかなる現象だろうか。これを説明するのはなかなか難しい。わかりやすさを優先し、誤解を承知で少し乱暴な表現で言うなら、周辺の人や物がいつのまにか時間軸上でごく短い跳躍をしてしまうような現象のことである。

どうも、まったくわかりやすくなっていない。師範自身による説明を聞いてみよう。「わが家では、夫婦茶碗とかセットものの茶碗やグラスが揃っていない。時間分断が生じたときは、家族が持っているものを落として壊したからだ」。ちょうど、きわめて短時間の意識消失が起きるようなもので、その間はしかと意識していないため、持っている物を落としてしまう。

あるいはまた、師範は次のような例もあげている。「あるとき、健康法関係のビデオを買った。ふーん、と思いながら見る私の意識が徐々に凝縮していった。テープの終わりに近づいたとき、画像にパッパッと白画面が流れ出した」。師範はすぐに「しまった、私の意識の凝縮が時間の分断を生じさせてしまったのだ」と気づき、あわてて意識を弛めるようにした。

また、これは時間の分断とは少し異なるのだが、質的に似通っている現象として、一時は、たとえば次のような現象も生じていたという。すなわち、意識の凝縮が起きてくるや、パソコンの「キーボードをタッチすると、同じ記号や数字が『ああああああああああああああああ』というふうに流れてしまい、キータッチができな」くなるのである。

そうした現象が平時に自宅にいる間に起きるのであれば、まだよい。ところが、「外出先でもそのようなことが生じ、喫茶店や飲み屋でうっかり会話に意識凝縮をしてしまったときには、勝手元で誰かがガチャンと物を落とした」。頻繁になってくると、さすがに困る。「これではふつうに社会人として過ごすことができないと考え、以来、意識凝縮を避けるようになった」という。

この現象に意識や意念が関係しているのではないかと師範が考えるのは、たとえば次のような例もあるからである。師範のかつての弟子のなかに寺の住職がいたが、インド好きが昂じて、あるときかの国からひとりの祈祷師を呼び寄せてパフォーマンスをさせたことがあった。その場にいた数十名の観客のなかには、師範のほかにも著名な武術家が何人も混じっていたという。

師範の描写によると、「祈祷師の姿はまさに風神雷神の雷神の姿」だった。彼は「本堂の前の広場で太鼓を叩きながら祈祷をしだした」。そして、祈祷師の集中が強まり、意識の凝縮が起きたとき、「観客用に設けられていたスピーカーがガーッと鳴り、プツンと切れ」てしまった。それだけであれば単なる偶然ということになったかもしれないが、そこで起きた現象には続きがあった。

「その瞬間、透明だが淡い光のかたまりのようなものが本堂の軒下に飛び、すぐに本堂前方にある高い木の枝に飛んだ。降霊体と思われた」。そこに居合わせた他の武術家は誰もその高速で移動する物体を見ていなかったが、師範の意見によると、その「動物性の強い波長で電流を切断された」結果、スピーカーの異常が起きたのである。意識や意念がつねに動物性を示すものかどうかは定かでないが、時間も含めて物理的特性を有する不可視のものの流れを分断することはありうるのだろうか。

第一章で登場した、観音の憑依する女性異能者との間で起きたエピソードにも、類似の興味深い現象がある。彼女は「神仏でも、過去の人でもすっと憑依」するので、師範は歴代の先師のうちの何人かを口寄せしてもらって、いろいろと話を聞いた。そして、ただ聞くだけでなく、「テープレコーダーを持参して記録しようと図った。ところが、異界の者が憑依すると、再生時にザーッという雑音が入り、音がプツンプツンと途切れて聞き取れなく」なった。「生前に何らかの無念の念とでもいうべきものをもって死んだ場合は、すぐに憑依し」、そのような現象が起きることが多かったようである。これも異能者の「意識の凝縮」や「動物性の強い波長」の影響なのだろうか。

## 「今ここ」と永遠

師範の特徴は、意識の凝縮度が高まると、周囲の意識場を共振させてしまうらしいことである。本章で述べてきた諸現象に関連して、私が臨床家としての立場から連想することの一つに、てんかんの小発作と呼ばれる症状がある。そして、てんかんないしてんかん様の発作は、ときとして、ある種の感染性のようなものを見せる。ひとりが発作を起こすと、周囲の患者も発作が起こりやすくなったり、それまでに既往のなかった者にも発作が起きたりすることがあるのだ。もっとも、小発作的なものの場合には稀かもしれないが。

「小発作」といっても、軽い発作という意味ではない。大発作と呼ばれる全身性の強直間代発作、つまり意識消失を伴う痙攣発作と対比させてそのように呼ばれている発作である。小発作は欠神発作とも呼ばれ、読んで字のごとく、ごく短時間、意識（精「神」）を失うことが特徴となっている。

小発作においては、大発作のように痙攣が起きることはなく、身体的な動きを伴わない。数秒から数分といったごく短時間であること、身体的な運動を伴わないことから、傍目には、ただボーッとしているようにしか見えない場合もある。大発作が起きているときのようないわば派手な変化がないため、本人も周囲もそれが発作だとは気づいていないことが少なくない。

それなら、そのとき発作が起きていることがどうしてわかるのか。まさしく、「身体的な動きを伴わない」からである。動きを伴わないというより、動きが止まってしまうと表現するほうが理解しやすいだろうか。その直前までしようとしていた動作が中途で急に止まってしまうのだ。そして、たとえば数秒後には、その止まったところから動作の続きが再開されることになる。

この運動の分断が、発作の気づかれるきっかけとなることが多い。運動が止まっている間に、ふだんならあまり起きないことが起きる場合もある。たとえば、食事中、箸を持って皿から豆をつまんで口に運ぼうとしている途中で小発作が起きると、まず箸の動きが止まり、ついで箸の先からテーブルの上に豆がポトリと落ちる。師範が時間の分断の例としてあげる食器の落下に似ていないだろうか。

ビデオテープやオーディオテープに記録されているはずの情報が断続的になった現象については適切な説明ができないのだが、小発作にかぎらず、てんかん発作というものの精神病理学的な本質の一つは時間の分断にあると考えられている。すなわち、患者の生きている時間が意識消失を伴う発作によって分断されており、時間精神病理学的な変質が生じているのである。

通常の生きられている時間は、時間が過去から未来へ向かう一本の線として連続したものになっている。ところが、てんかん患者の場合には、それが分断されてしまっていて、もはや線としての体をなしていない。極端な言い方をするなら、離れて眺めていればあたかも一本の線のように見えなくもないのだが、近づいてよく見てみると、じつは無数の点が並んでいるにすぎない。

てんかんの患者、あるいはしばしばそれに類似した状態にある発達障害の患者。彼らの意識は通常、「今ここ」「今現在」に集中しており、過去や未来にはあまり注意が向かない（木村 1980、老松 2014）。たとえば、発達障害に見られる集中困難、注意欠損、多動といった症状は、じつは矢継ぎ早に転変していく「今ここ」が無数の点として不連続につながっている状態なのである。

それは、なるほど「集中困難」「注意欠損」と呼ばれてはいるが、実際には「今ここ」「今現在」への過剰な集中の謂いにほかならない。そして、よく似た「今ここ」「今現在」への強烈な集中は、ほかに、トラウマを抱えている人にしばしば起きる。フラッシュバックと呼ばれる症状は、過去にトラウマを負ったときの経験があたかも今ここで起きているかのように体験されるものである。過去が過去にならず、いつまでも「今現在」にとどまり続けて血を流している。

坐禅も含めて、瞑想というものは一般に、「今ここ」への強い集中を伴う。流行中のマインドフルネスやその源流であるヴィパッサナー瞑想をはじめとして、「今ここ」以外のことにはいっさい意識を向けないよう求める瞑想技法は少なくない。そして、そういう場合の「今ここ」は身体感覚と密接に結びついて経験されていることが多い。身体こそ、「今ここ」の場なのである。

しかも、「今ここ」「今現在」中心の生においては、過去や未来がないかわりに、いっさいの過去といっさいの未来に相当するものごとが「今」というたった一点に流れ込んでくる。これは「今ここ」を生きている人の際立った特徴と言ってよい。すなわち、そのような人は「永遠」に開かれているのである。そこでは時間や空間が相対化されていたり無化されていたりすることが多いのは言うまでもない。

側頭葉に発作の焦点を有するてんかん者は、精神運動発作という発作が起きる直前に、しばしばアウラと呼ばれる前兆を体験する。てんかん者だったドストエフスキーが小説のなかで美しく描写しているとおりで、アウラにおいては永遠性や超越性がきわめてリアルに感じられることがある。てんかんは古くは神聖病と呼ばれ、古来、宗教家がアウラのなかで啓示を受けてきたのは周知の事実である。なお、アウラ aura はオーラと同一の語で、本来は微風を意味する。

第二章で説明したように、ユング心理学では、人の心身の生涯にわたる成長と発達のプロセスを個性化と呼ぶ。かりにも心理学なので、そのプロセスはやはり心にまつわる事象を中心に観察され記述され研究されてきた。心の変容のプロセスとしてである。しかし、心の変容の流れが何らかの理由で袋小路に入ってしまった場合には、身体的な活動が行き詰まりを打開してくれることが多い。

そして、ふつう、人は心にまつわる事象を介して成長し発達していくと考えられているが、なかには、主として身体にまつわる事象を経験しながら変容していく人もいる。武術家やアスリートにはそのタイプの人が多いと考えられる。私はそのような種類のプロセスを身体系個性化と呼んでいる（老松 2016a）。

身体系個性化の道を進む人は、「今ここ」中心の生き方やあり方を示し、過去をくよくよといつまでも悔やんだり未来に起きうる不運や不幸を真剣に危惧したりすることが比較的少ない。そして、「今ここ」を旨とする生を生きている、てんかん的、発達障害的な特徴がわりあい備わっていることが多い。（あくまでも、てんかんや発達障害に似た特徴を持っているというだけで、病気や障害ではない。誤解なきよう。精神病理学的には、誰もが何らかの精神的な病気や障害に似た特徴を有している。）

以上のようなことからすれば、武術のための行として、坐禅をはじめとする瞑想に取り組むことは理に適っている。武術する身体と「今ここ」は不可分だからである。しかも、第一章で少しふれたように、武術が殺傷する行為と、言い換えれば心身のトラウマと切り離せない関係にあることは明らかである。その点からも、坐禅などの瞑想は、「今ここ」に集中する武術の行としてきわめて親和性が高い。

# 第五章　乱拍子

## 呼吸法メソッドの黎明

本章では、Q師範の行の経験のなかから呼吸法メソッドに焦点を当ててみる。前にも注意書きをしておいたように、本書で「呼吸法メソッド」と呼ぶものは、一般に言う、特別な呼気や吸気の仕方のことではない。合気系の武術で言う呼吸法は丹田の養成とそこからの力の発動を利用した特定の身体運用術を意味しているが、ここでの「呼吸法メソッド」はそちらに近い。気のコントロールを可能ならしめる身体操法やそれにもとづく健康法などを含む、特定の一派の実践を指す。

この呼吸法メソッドは伝統的なものではない。歴史はおよそ四〇年程度で、合気道や舞踊や医学の体系をもとに生み出されたとされている。Q師範はその黎明の頃から、しばらくの間、呼吸法メソッドに関わってきた。四〇代半ばから五〇代半ばのことである。当時は、六〇種類くらいの比較的単純な体操のような動作パターンがあって、呼吸や体軸などを意識しながらそれらを繰り返したそうである。

師範にとって、呼吸法メソッドには強い思い入れがある。「私の体造りは基本的に〇〇〔このメソッド〕によります」という言葉からもそのことは窺い知ることができる。師範の積み重ねてきた多様な行のなかでも特筆に値するものである。この呼吸法メソッドを行と呼びうるか疑問視する向きもあるかもしれないが、ここでは行の一つとして扱う。というのも、このメソッドにおいては、さきほども述べたように、丹田の形成と気のコントロールに本来の眼目があるからである。

師範と呼吸法メソッドとの出会いは、師範の武術への復帰が契機となっている。師範は、四〇代前半に、後輩が開いた道場の顧問への就任を依頼されたことにも後押しされて、およそ一〇年間のブランクを経て武術の世界に戻ることになったのだった。その道場にはもうひとり顧問がいた。それがこの呼吸法メソッドの創始者の先生だった。師範より一〇歳ほど年上になるだろうか。顧問同士ということで、ふたりは懇意になった。師範の後輩による縁結びのおかげである。

当時は呼吸法メソッドの草創期で、その先生にもまだ時間の余裕があった。師範はしょっちゅう誘われ、毎週、梯子しながら飲み歩いたという。「この期間が私には貴重な勉強だった。『気』に関するいろいろな話、合気道や中国拳法の話。ふたりとも雑誌『大法輪』の読者であったこともあり、話は多様多彩」。ふたりともよほど理解者がいなかったのか、『大法輪』の読者同士ということで意気投合しているのがどうにもおもしろい。ついには、先生の「自宅まで行って高い酒の飲み比べまでした」。

そういうことが数年続いた。そのうち、「どうも先生は私を弟子にしたいらしい」と気がついた。師範は「意を決して」弟子になった。「毎週、稽古に行くと、細かい説明なしに先生のまねをする動作が約六〇パターン続く。約四時間ぶっとおし」。師範は武術の稽古で培った観察眼でもって「先生の姿、動作とおのれの姿、動作を細部にわたりチェックしながら、まねることに集中」していた。

その結果、まもなく師範は、門弟内でいちばん先生に近い姿や動作ができる域に達した。「これがあったからこそ、私の体が変わるのが早かった」と師範は振り返る。そして、「すぐに指導員扱いになった」。合気道もベースの一つなので、稽古の一環として先生から床に叩きつけられることも多かったが、師範は、転んでもただでは起きない。「叩きつけられ役をしながら、瞬間的な受け身を身につけることになった」。

師範は、武術の追究の過程において、「現代人と先人の身体力のちがいを痛感」していた。そのため、「武術を行なうための身体形成について諸分野を研究」することになったが、呼吸法メソッドを学ぶことで、みずから「呼吸による身体の改善を実現」できた。このメソッドの身体運用がその後の武術の「追究に大きく寄与したことはまちがいない」と師範は回顧する。

少し説明が必要だろうか。「現代人と先人の身体力のちがい」があるため、今の武術の指導者は苦労していることが多い。古伝本来の術技を教えようにも、昔とは日常生活における身体の遣い方そのものが異なっているので、かつてはごくふつうだった動作でもなかなかできない。たとえば、洋式のトイレが当たり前の生活だと、背中を壁にぴったりくっつけて直立した姿勢から、踵を浮かせることなく、背中を壁に沿わせたままでしゃがむ、というようなことでもできなくなってしまう。

現代武道においては、安全面や普及のさせやすさなどにも配慮して、もともとの古伝の動作を現代人の身体の遣い方に合わせて簡略化する試みが盛んになされているが、やはりそれだけでは足りない。並行して、武術が可能な身体造りが求められる。しかも、「武術が可能な身体」となると、じつのところ、物理的、解剖学的な面で身体の運用の幅を広げるだけでは不充分である。

つまり、身体感覚の深化も欠かせない。五感を通常の限界を超えて研ぎ澄まし、気配を敏感に察知し、自身の内外の気を操ること。そのような面での身体の運用の幅も広げなければ、ほんとうの意味での武術とは言えない。かつて武術はそのような文化的文脈のなかにあった。そう考えてみれば、現代において武術を継承するとは、まことに途方もない、絶望的な試みと言わざるをえない。

少年時代を深い山中で暮らし、獣や霊の気配を感じ取り、現代の生活では縁のないさまざまな動作に親しんできたQ師範でさえ、「呼吸による身体の改善」をしなければならなかった。もっと若い世代の、とりわけ都会人については、何をか言わんや、である。「呼吸による身体の改善」の必要性、そしてそれが「行」の範疇に入るものであることがわかってもらえただろうか。

## 呼吸法＋立禅

呼吸法メソッドは「非常によく工夫されている」。師範は、自身の経験から、このメソッドのなかでもとくにいくつかの動作パターンが「丹田形成に効果的と考えて」、みずからの道場でも教えている。また、呼吸法メソッドとは別のルーツを持つ立禅の一種も併せて指導することが多い。これに、立ち方、歩法、重心のあり方など、基本中の基本と言えるポイントが加わると、「下丹田を形成しやすい」。これらはすべて、「自分の軸の養成、自覚が基準になっている」。

なお、「立ち方、歩法、重心のあり方など、基本中の基本」と述べたが、基本だからといってけっして容易なわけではない。トイレと同様、現代人は、歩き方もすっかり洋式になっていて、上体を揺らすことなく前足底から着地して摺り足で歩くのではなく、上体を捻って上下動しながら踵から着地して歩いている。前者の歩き方をするにはもちろんコツを知っている必要がある。後者の歩き方は疲れるばかりでなく、繊細な身体感覚を遠ざけてしまう。

呼吸法メソッドのなかのとある動作パターンを師範はどのように経験しただろうか。その動作は、気功で言うところの「スワイショウ」(ごく単純な運動を反復しているうちに他動感が出てくる)を原型とするもの。師範が五〇歳前後の頃である。場所は師範の自宅。細く長く「スースー」と息を吐きながら続けていると、全身が弛んだ状態になったという。そして、そのときの「脳の状態を記憶し、再現することができるようになったとき」自分自身の「能力の拡大を自覚」した、とのことである。以下の回想を聞いてほしい。

「その動作により何が得られるのか、自宅でやってみていた。約三〇分経過。全身の弛緩を感じて中止。両足が床に吸いついた感じで動けない。両手で腿を抱えて足を床から離した。そのときの自身の脳内状態を『なるほど、脳波がアルファー波になったときはこの感じか』と認識した。これにより、ときとして、平素、意図的に自身の脳波をアルファー波状態にすることができるようになった」。いわば、計器を使わないバイオフィードバック法（筋電反応、脳波、心拍などをモニターしながら自分で意識的にコントロールすることによりリラクセーションを得る方法）という感じだろうか。

師範はいくつかの動作パターンを生活のなかに組み込んで実践していたようである。「家にいるときは、いつもスースーと△△（その動作パターン）をやっているものだから、妻は『なによ、いつもスースーばかりやっていて』と言って」いた、という笑い話もある。また別の動作パターンでは、「会社のビルの一七階までのエレベーター内の十数秒が訓練時間でした」となる。勤労者時代の師範である。

「一日に何回も乗りますから、最低一日に数分やることになります。出勤日数が年間二五〇日とすれば、累計二五〇分以上やったことになります」。こうして地道にコツコツと行を続けることも、師範にとっては、まったく苦にならなかったようである。「自分の感覚としてわかりたいという思いだけでした。そして、『そうか』と実感として納得したら、次のテーマに取り組んだだけです」。いかなることについてであれ、真摯に追究する姿勢というのは、やはりこういうものかもしれない。ここでは、自身の感覚への強い信頼が注目される。

師範によれば、この呼吸法メソッドとある種の立禅だけで、「相当程度、気の周流がよい体が得られる。実感もするようになる」。人によっては、ときとして「体内を天地に気が抜ける」というようなことも生じる。このことを師範は、荘子の言う「真人は踵を以て呼吸す」の体現であるとまで述べている。ここでの「呼吸による身体の改善」をどれほど重視しているかが見て取れるだろう。

ただし、師範は、気の周流の実感を無邪気に喜んでいるわけではない。このような行がはらんでいる危険性についても警鐘を鳴らすこともけっして忘れない。これも重要な点である。「気の周流の体現が進むと、ときとして弊害も生じる。気のコントロールはあくまで下丹田〔下腹部〕でできるよう徹底しておかないと問題を生じる」として、注意を促している。

すなわち、「丹田には上中下があるが、中丹田〔上腹部〕と上丹田〔額部〕を開くことは変に異界に入る可能性もあり、とくに注意を要する」からである。行は、私が専門とする深層心理学的な分析やセラピーと同様、つねに異界と隣り合わせ。下丹田がいまだしっかり形成されていない状態で、中丹田ないしは上丹田から先に開いてしまうと、精神的な問題が発生したり、「社会性を欠く言動をする者が出」たりする危険がある。

気功における気の周流には小周天と大周天がある。そのちがいを乱暴にまとめれば、小周天は自分の胴体内にグルッと気をめぐらせる方法、大周天は頭部も含むもっと大きな範囲で気をめぐらせる方法である。あるとき、師範は、優秀な気功師にして武術家である人物に頼んで、大周天をして見せてもらったという。すると、「首がなくなり（体内にめり込んだ）、鎖骨の上に首がのったかたち（だから鎖骨の前に顎が出る）」になった。それを見て師範は、「折り目正しい武士はやるべきことではない」と考え、「気を頭部に回さない」ことがたいせつだと知ったという。師範はそういう誇りを持ち続けている人である。

## 伝説の技

師範が「武術を行なうための身体形成」を研究し、呼吸法メソッドの実践による「呼吸による身体の改善」が実現して、丹田がすでに充分に練られていた頃のことである。このメソッドの稽古場でたまたま知り合ったスポーツ・ライターから、ある武術雑誌に師範を当該の武器の日本一の遣い手として紹介したいが「何かインパクトのある表現ができないか」という相談が持ちかけられた。

当時、わが国にも、中国武術が急速に普及するようになりつつあった。そして、一部の人たちは、「中国武術には、『寸径』とか『分径』とか、至近距離から打撃を与える技術があり、日本武術にはそれがない」と主張していた。そこで、師範は、「中国武術では高度の技術とされる『分径』を……□□（師範が主として用いる木製の武器）でやって見せよう」と答えた。

取材の当日。ここで、今や伝説となっている、ある術技の実演が行なわれることになる。師範が手にしている武器の先端近く、その真横に湯呑み茶碗が置かれた。武器と湯呑み茶碗の隙間はわずか三分（およそ九ミリメートル）である。撮影開始。師範は「無反動で」瞬時に湯呑みを粉砕した。そのときの模様は、当時の武術の専門誌に写真付きで紹介されている。

前後の写真を見ると、湯呑みが割れたときにその武器がほとんど動いていなかったことがはっきりわかる。これほどの至近距離である。まさしく「無反動」と表現するしかない。この雑誌の記事によって師範は武術界に広くその名を知られることとなり、以降、合気道、空手道、少林寺拳法など、さまざまな武術の高名な遣い手たちが続々と師範のもとに来て、教えを仰ぐようになった。

このようなことを体現した武術家は、後にも先にもQ師範だけではないかと思われる。師範にその秘密を訊いてみたところ、次のような答えが返ってきた。「これは、ふつうに手の筋力でやったらできない。□□〔師範の遣う武器〕を鞭と考え、丹田を浮かし、丹田が鞭の手もとと考えて震動を与えればできる」。そして、「ここで使われている震動はもちろん縦軸による水平震動で」ある、とのことだった。

「もちろん……水平震動」と聞いて、それが「もちろん」であることを理解できる人が、かりにも武術家と呼ばれる人たちのなかにさえ、いったいどれほどいるだろうか。師範自身、「丹田を浮かせて震動を与えて技にするという発想は、おそらく私がはじめてしたものと思われます」と語っている。いくら丹田が充実していたといっても、そのような発想を師範はどうしてすることができたのだろうか。

さらに突っ込んで説明を求めると、師範はこう教えてくれた。「日本古武道には、流派により、全身の『身震い』を技とするものがありました。……私はその震動点を丹田に絞り込んだだけです。この発想は、○○〔呼吸法メソッド〕の丹田を遊泳させる××〔ある動作パターンの名称〕がヒントでした」。

師範は「意念方向と物理的震動を合わせると術技になります」という奥深いことまで教えてくれた。そして、「丹田を実感し、震動させることを覚えたら、先生〔著者、老松のこと〕もできると思います」とサラッと付け加えてくれたのだった。あまりにサラッとしていたものだから、私としては「そんなことできるわけないでしょ!」と思いつつも、納得せざるをえなかったのだった。

ちなみに、師範は、その後、「横軸による縦震動が課題」になったが、台湾を訪れた際、ある名人が縦震動を使っているのを実見して、「すぐに理解し、体現できるようになった」という。さらには、「丹田を球体とすれば、全方位の震動があって当然と考え、それを工夫することに」なった。いやはや、達人や名人のすることといったら、まったくとんでもないことばかりである。

ついでながら、武術の世界には諸流派にさまざまな技が伝わっているが、Q師範だけが体現したのではないかと思われることとして、無反動湯呑み茶碗割りのほかに次のような事象がある。①相手の腹部を当該の木製の武器の先で突いて、衝撃波を体表の帯脈を回して背骨に与える。②相手の腹部任脈を打って、縦の気の流れを止める。③袈裟切りの位置にある経脈を木刀で軽く引き切るかたちで、相手の気の流れを分断する。④気の接触により、相手の接触部分が焦げたようになる。⑤相手の幽体だけを打つ、あるいは切る。

帯脈、任脈は経絡の名称である。これらの事象の発生は、正確には、次章で扱う滝行の効果としての丹田のさらなる完成もあってのことらしいので、もっとあとで述べるほうがよいのかもしれない。しかし、気の周流する身体の形成というのが本章で述べてきた呼吸法メソッドの眼目であることに鑑み、ここで併せて述べておく。

以上のような不思議の数々について、私は説明できない。説明はできないのだが、こうして気の周流にまつわる諸事象について執筆していたら、それだけで、身体のあちこちに痛みや違和感などの小さな不調が生じてきた。これと似た現象が道場でも起きていたのかもしれない。この章を読んでいて体調が悪くなる読者がいないとよいのだが。

## サトル・ボディの照応

師範は、呼吸法メソッドによって、「武術を行なうための身体形成」「呼吸による体の改善」を成し遂げた。しかし、言わずもがなではあるが、注意しておかないといけないことがある。師範の言う「体」は、体のことであって体のことではない。すなわち、ふつうの見える体（粗大身、グロス・ボディ）ではなく、見えない体（微細身（みさい）、サトル・ボディ）を指している。

一般にサトル・ボディは、空間的にはグロス・ボディと重なって存在しており、中国の仙術の体系にもとづいて言うなら丹田や経絡、インドのクンダリニー・ヨーガの体系にもとづいて言うならチャクラやナーディといった一定の構造が備わった、不可視の霊的な身体である。霊的なものである以上、それに関わりを持つ営みは行と呼んでも差し支えないだろう。

サトル・ボディは単なるファンタジーではない。古来、そこに備わっている一定の構造が、無数の行者によって感知され確認されてきた。つまり、恣意的な思いつきではなく、普遍的にして元型的なものなのである（老松2001）。クンダリニー・ヨーガは中国にも伝わり、少しかたちを変えて仙道のなかに取り入れられたが、神話やおとぎ話の伝播の場合と同様、中国にもともと似通ったサトル・ボディ観があったからにちがいない。

クンダリニー・ヨーガには、チャクラと呼ばれる諸中枢がある（図6）。そして、グロス・ボディで言うなら骨盤底に相当する最下部のチャクラには、クンダリニーという蛇が眠っている。瞑想や呼吸法などによって

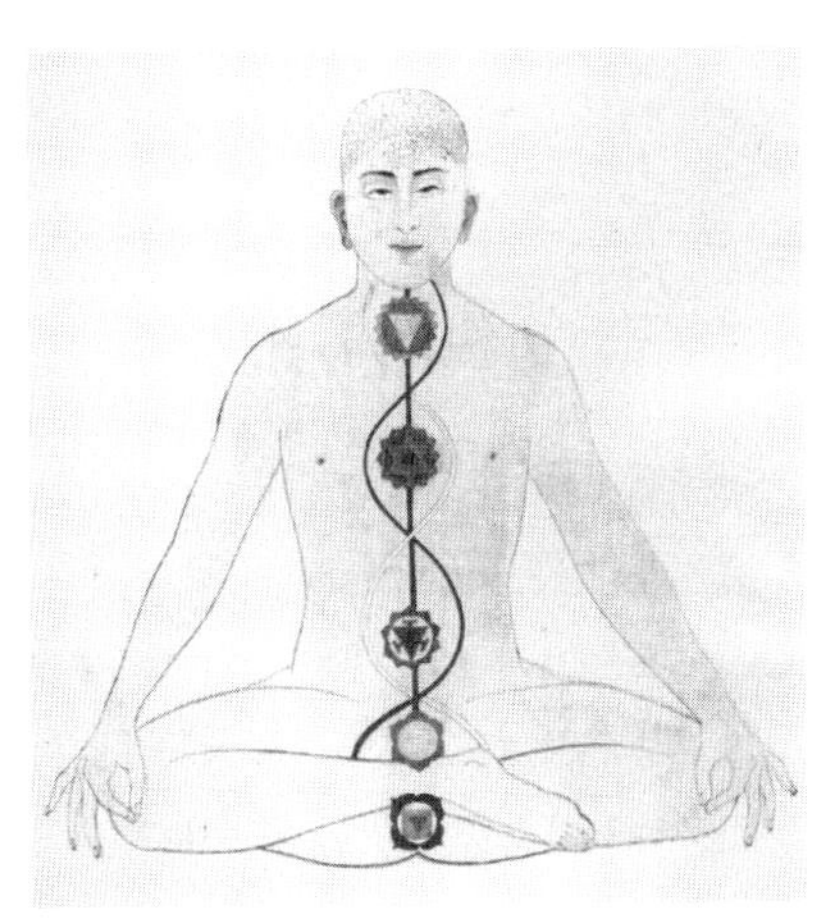

図6　7つのチャクラ　下から順に，ムーラーダーラ，スヴァディシュターナ（下丹田），マニプーラ（中丹田），アナーハタ，ヴィシュッダ，アージュニャー（上丹田），サハスラーラ（Woodroffe, 1919より）

クンダリニーを覚醒させると、この蛇は背骨に沿ってゆっくりと這い上がっていく。その背骨に沿って、諸チャクラがそれぞれの決まった高さに縦に並んでいる（Jung 1996、Krishna 1967、Woodroffe 1919）。

主要なチャクラは七つあるとされている。クンダリニーが這い上がっていって、一つひとつのチャクラに到達するたびに、そのチャクラが開かれる。すると、そこに封印されて秘められていたさまざまな超常的な能力が、行者の身の上に顕現することになるのである。なお、クンダリニーは頭頂部にある最終チャクラで夫であるシヴァ神と合一することを目指している。

クンダリニー・ヨーガで重視される主要な七つのチャクラは、仙道では精宮と呼ばれる。クンダリニー・ヨーガでは、いちばん下方に位置するムーラーダーラ（土のチャクラ）にはじまり、スヴァディシュターナ（水）、マニプーラ（火）、アナーハタ（風）、ヴィシュッダ（空）、アージュニャー（心）と続き、頭頂部のサハスラーラ（究極実在）までチャクラが並んでいる。上方のチャクラほど、よりサトルになっていく。

一方、仙道においては、これら七つのチャクラに相当するものとして、下方から順にそれぞれ、峻宮、玄宮、丹宮、心宮、溢宮、命宮、黄宮がある。これらは医学的には内分泌腺と重なるとされ、やはり下方から順にそれぞれ、前立腺（卵巣）、副腎、膵臓、胸腺、甲状腺および副甲状腺、脳下垂体、松果腺に相当する。

こうしたチャクラや精宮のそれぞれに、さまざまな能力、感覚、神経叢などが配当されている。土のチャクラであるムーラーダーラが開けば空中浮揚の力が得られ、水のチャクラであるスヴァディシュターナが開けば水への恐怖が消え去り、火のチャクラであるマニプーラが開けば火への恐怖が消え失せる。風のチャクラであるアナーハタが開けば、遠視、遠聴が可能になり、空のチャクラであるヴィシュッダが開けば俊敏な動きや透視が可能になる、といった具合である。

ユング（1996）によると、これらのチャクラは意識の座の変遷と一致している。たとえば、遠い昔に狩猟採集生活をしていて、空腹および満腹ということが最大の関心事だったときには、意識の局在は腹部にあったが、その後、対人関係などが重要度を増してくると、意識の座は胸すなわちハートに移る。そして、近年では、科学の発達などに伴って、頭部こそが意識の座であると考えられるようになった。

深層心理学的に重要なのは、心の問題を分析ないしはセラピーするとき、無意識からおのずと湧き上がってくるイメージの体験（夢やイマジネーションなど）は、これらのチャクラそれぞれの特性（土、水、火、風、空など）で象徴される領域を下方へ、ついで上方へと遍歴して、もともとのチャクラに戻り、場合によってはさらに上方のチャクラに相当する領域へも達するということである。

すなわち、今現在、たとえば火のチャクラに相当する状況のなかにいて、火で象徴される未分化な情動のために問題を抱えているとすれば、そこから土のチャクラへ下降する。そこで地下の恐ろしさを克服し宝物を発見したら、上昇に転じ、水のチャクラで洗礼か禊ぎのような経験をして火のチャクラに戻ってくる。すると、同じ火でも破壊的なものではなく、生産的かつ創造的な火になっている。場合によっては、火で揮発する蒸気が次の風のチャクラに上昇していく。

そうした下降のプロセスを退行といい、再度の上昇のプロセスを進行という。これは、象徴的には、異界や冥界への旅（ネキュイアと呼ばれる。冥界の者たちと語らうための地下への下降を意味する）とそこからの帰還に相当する。「心の問題を分析ないしはセラピーするとき」の現象だと述べたが、厳密に言えば、これはあらゆる個性化のプロセスにおいて見られる展開ということになる。

私のような深層心理の専門家は、アナリザンド（被分析者）ないしクライエント（来談者）の心（こころ）系個性化（老松 2016a）としてのチャクラ遍歴の旅に同行することが多い。しかし、武術家を含む身体系個性化を主とする人たちは、より身体的な色合いを帯びたチャクラ遍歴の旅によって経験を深めていくだろう。心系個性化のプロセスにおいても、身体系個性化のプロセスにおいても、そのようにしてサトル・ボディの追究が重要な意味を有しているのである。

本章の最後に、もう一つ、ふれておかなければならないことがある。サトル・ボディが恣意的、個人的なものではなく、元型的、普遍的なものであると述べてきたことを思い出してほしい。つまり、私のサトル・ボディとあなたのサトル・ボディは厳密には区別がない。集合的無意識が個人に属さないのと同様、誰々のサトル・

ボディというものは存在せず、すべての人のサトル・ボディは地下の根っこで相互につながっている。

したがって、地上に出ている、一見するとそれぞれ別ものであるように見えるサトル・ボディの間に同期した動きが生じる可能性がある。つまり、ふたりの、あるいはそれ以上の複数の人間の間で、心理的、身体的な共鳴、共振が起きることがあるのだ。そこには、共時的な現象が生じるだろう。つまり、複数の事象における意味深い偶然の一致である。Q師範の周囲で起きてきた不思議かつ驚異的な事象の数々のうち、一部はそのような観点から説明できるかもしれない。

# 第六章　山伏問答

## 百カ日修業

滝行（水行）は、Q師範が打ち込んできたさまざまな行のなかでも中核的な位置を占めている。前々章で述べた坐禅、前章で述べた呼吸法メソッドなども重要な行だったが、滝行は別格と言ってよい。もちろん、坐禅、呼吸法メソッドなどによる堅固な心身造りの基礎があったからこそ、そこまで活かせたのである。師範はいかにして滝行に出会い、実践してみようと思うようになったのだろうか。

師範の遣う武術は門外不出のかたちで伝えられてきたものだが、流祖や先師たちが代々どのような修行をしてきたのか、詳しくはわかっていない。そのような記録はほとんど残っていないのである。ただし、幕末のある先師については、「百ヵ日修業」というものに取り組んだことがわかっている。門下の者にもさせていたらしい。そのほかに、九字(くじ)密法を学んでいたという記録がある。

「百ヵ日修業」がこの先師以前からの伝統だったことは推測されるが、内容はまったく不明だった。そこで、Q師範は、ある異能者に依頼して、「その場面を出してもらった」。第三章でも少し述べたが、定年退職後、師範のまわりには次々と異能者が出現するようになっており、この異能者はそのうちのひとりである。結果として、「神仏混淆の水行と坐禅」であることがわかった。なお、水行では九字密法も用いられる。

四〇〇年以上の伝統を継ぐ免許皆伝者として、「宗教的意味は別問題として、わが身体が何を感じ、変化し、心にどういう影響があるか、実行あるのみ」。師範は決心した。しかし、滝行には先達が必要である。ふさわしい人物を見つけなければならない。弟子のなかに、天台宗の僧籍を持つ修験者で仙道、人智学などにも通じている者がいた。師範は彼に先達を務めてくれるよう依頼した。

この人物をS先達と呼ぶことにする。S先達は身体能力にも優れ、みずからの道場で打撃系の武術や気功法などを教えていた。当時、五〇歳くらい。このS先達こそ、幕末の先師の「百ヵ日修業」の場面を再現してみせた異能者である。S先達には自伝があり、それを読むと、若い頃から武術の才のみならず、霊能の面でも傑出したものを持っていて、おのずからのクンダリニーの覚醒なども経験していたことがわかる。S先達は、Q師範の滝行の導師を務めることを約束し、山中のある行場を示した。

はじめての滝行は、師範が六〇歳の少し手前だった頃に行なわれた。弟子がひとり同行している。当時の日誌から一部を引用してみる。雰囲気なりとも感じてもらえるかと思う。

細い沢ぎわを車道から右にちょっと入ると、一見して往昔を偲ばせる行場がある。そのすぐ横のほうに、電気、ガス、電話もない古びた小屋があり、S先生は、ここに泊まれるように持ち主に了解をとり、自炊道具その他一式を運んで準備してくれた。

滝に添って急な石段が続いており、登りつめると、斜めに手前にさがった大きな岩の上に、小さな祠がある。拝もうと思うと、斜めの岩肌にしがみつくようにして拝まねばならない。いかにも古の修験道の行場を思わせる。往昔は、もっと滝の水量が多かったであろう。しかし、今は水量が少なく、水行ができるように樋を三本設けて細い滝を作り、その下で水行ができるようにしてある。

その上のほうにももう一つの行場があるが、ここは樋から落ちる水量が多いことと、足場が悪いこともあって、慣れないうちは使えない。行場周辺全体の気はよい。自然の気がよいばかりでなく、おそらくここで最近水行をする人が少なく、悪い気を落としていないのであろう。

ここで少し説明しておくほうがよさそうなことが二つほどある。まず、滝行では、自然に落下してくる水をそのまま使うとはかぎらないという点である。つまり、滝口から細い筒（樋）で引いてきた水を落下させて使うことが少なくない。「自然の滝と樋を使う行場の相違は、体に当てる水量のコントロールが可能か不可能かということであり、宗教者としての行は別として、心身の造りを主目的とした場合は、樋を使う行場のほうが水量が一定のため適している」。

もう一点は、水行に訪れる人の数とその行場の気との関係についてである。根っからの宗教家は別として、一般的に言って、水行を思い立つような人は深い悩みや迷いを抱えていることが多い。それを断ち切って解決を見出すために滝にやってくる。最近は素人向けのツアーなどもあるから、そういう人はなおさら多い。行場には、その種の穢れが流し捨てられる。本来ならば、行の最後に穢れを消し去る作法を行なうべきだが、しばしばそのまま置いていってしまう。それが行場の気のよし悪しに影響するとされている。

さて、以下は、初日の水行の記録である。なお、このときの滝行は八月九日から一二日までの三泊四日で行なわれている。


午後現地着　夕方、S先生より作法の指導を受けて、滝に入る。

思いのほか、水は温かい。しかし、細い水にもかかわらず、予想以上の水圧があり、続けることへの不安から一〇分程度で、滝を出たり入ったり。S先生は夕刻下山。弟子の○○君とふたりのみ、夕食は自炊。○○君が作ってくれた。本日は特記すべき実感ないが、滝の水質に微妙な粘りと重さが感じられる。S先生によると、鉄分が多いとのことだが、鉄分以外の成分があるように思われる。……

夜はほんとうにまっ暗、意外なことに虫の音も鳥の囀りもほとんど聞こえない。かつて……坐禅をしていたとき、鳥の囀りがうるさく聞こえ、線香の灰が落ちると「ドサッ」と聞こえたが、滝の音が大きいと音に対する感覚がちがうように思える。ただ、水量が一定のはずで、音の連続性も同じはずなのに、音の強弱、断続、音質の変化等が感じられ、自然の変化の刻々とした多様性にあらためて驚かされる。ただ滝の音と、ときたま落ちる枯れ枝の不気味な音のみの夜であった。

細かい説明は省略するが、ここでの滝行の手順は、「祓↓護身法五種↓拍掌僻除↓弾指僻除↓九字↓三股清浄↓入水↓水中で不動真言・般若心経ほかを唱え続ける↓出水↓九字解き↓護身法四種↓拍手・礼」となっていた。初回だけあって、さすがのＱ師範も、それなりの不安を抱きながらの行小屋の一日だったようである。その後、行を重ねていくうちに、先達から、弟子に指導してよいとの許可が得られ、以来、数ヵ所の滝で一〇〇回をはるかに上回る行が実行された。

滝行というものは、ふつうは一日に一度だろうが、師範は「一気に習得することを目指したため」、一日に何度も滝に入っており、多いときには、午前に三度、午後に三度、夜に一度の計七度だったという。「百ヵ日修業」が一〇〇日間の毎日の滝行を意味するとすれば、それに相当する行を一四〜一五日でこなす勘定になる。滝に入る合間には、「立禅で体を休め、さまざまな基礎訓練も実施」。食事は、「体を冷やさないようマクロビオティックを導入。玄米、味噌汁、糠漬たくわん、胡麻塩を中心とした」。

## 行場の危険

その滝には、私も少し前に訪れたことがある。深山ではあるが、道からほど遠からぬところに行場はあった。

図７　Q師範の行場（近年の様子）

行小屋はもはや跡形もなく、かつて立禅や「基礎訓練」がなされたという小さな河原は夏草に埋もれていた。しかし、滝の少し上にある祠や滝の下の不動尊像のほか、滝口の三本の樋は残っており、かすかにではあったが往時の面影を窺うことができた（図７）。

さて、滝行には危険が伴う。師範は、行者としても、先達としても、さまざまな危機を経験している。それらの危険は、滝行による本来的な経験の一部と表裏一体の関係にある。表と裏、両方を含むかたちで述べてみよう。師範は、行場の危険と恐ろしさを、日中のそれと夜のそれとに分けて説明する。

日中の危険は、主として滝行中の心身の状態の変化に関するものである。滝に打たれていると、さまざまな感覚、知覚の変容が生じる。たとえば、「滝から出たくなくなる」「時間感覚が消える」「体の冷えが進み、腎気消耗とともに身心が虚するのが自覚でき」なくなる、などである。放置すると生命に危険が及ぶ。先達、導師は、滝のなかにいる者の状態の変化を察知できないといけない。

さらには、もう一つ、別の種類の危険もある。「身心が虚したときに異界の者が憑依する」ことがあるというのだ。師範が導師を務めていた際にも、「滝中の弟子の真言を聞いていて、声の質がガラッと変わったことがあり、『しまった、憑依された』と判断。即、滝から出ることを指示。目が変わっていたので、活を入れてやっと戻した」とのことである。

夜の行場にも危険がある。師範によると、夜の行場では、人間や動植物由来と思われる「精霊体」とでも呼ぶべきものが小さく「蛍の光のように光って見え」る。ただし、「蛍の光のような点滅はない」ので、見まちがえることはほとんどない。そして、光として見えようが見えまいが、「暗闇の向こうからじーっと何かが見ている」視線が感じられる。

師範の弟子には、「光が急速に膨張して幽霊になり向かってきた」という。また、「薄暗い岩場のようなところでは、霊体の顔のようなものが見える」こともある。いずれにせよ、「現世の者がその場で行をするのを好ましく思わないものが多いよう」なので、導師たる者は周囲に結界を設けて行者たちを守らなければならない。

師範も、夜に弟子の滝行の導師をする際には、「ちょっと離れたところから滝を囲むエリアの外郭に結界を張る」。しかし、「気が弛んだ瞬間に」結界を破られたことが一度だけあるとのこと。「実感としては、私の横をうしろから滝に向かって何かが通り抜けた」。あたかも「右脇を風のようにすり抜けた」感じだったという。

師範はただちに、「ヤメーッ！　すぐに出ろ！」と大声で行を中止するよう命じ、異界のものたちが嫌う懐中電灯の光を滝に当てた。弟子のほうも異変は感じていて、「先生が『ヤメーッ！』と言ったときガクッと来ましたが、あれは何だったのですか」と不思議そうに訊いたという。これは、師範自身、結界を張る者の役割の重大さを自覚したできごとだった。

結界を張るには、「強い意識凝縮とエリア外郭のイメージ力を必要とする。作法を知っていればできるというものではない」。そして、行場の滝は、「歴史的経緯もあり、だいたい結界に覆われている」ため、行のはじめに「九字密法によりそれを開く」必要があるし、行が終わったら「閉じねばならない」。近年は、以上のようなことを充分にできる先達が少なくなっているらしい。

また、これは危険というより怪異な現象というべきかもしれないが、夜、行小屋で寝かかると、「小屋の外側に一定の間隔で石をぶつける者」が出現することがある。しかし、「その方向には人が石を投げる広さがないし、人がいるはずがない」。これと似た現象は町や里でも起きた記録があり、かつては「天狗の礫(つぶて)」と呼ばれた(宮田1985)。この呼称から、人々が説明不能の怪現象を恐れていたことがわかる。

じつは私も、町中ではあったが、類似の現象を体験したことがある。出てみても、何もない。一晩中、息を潜めているしかなかった。そのような現象が、深山幽谷で漆黒の闇に包まれている小屋で起きたら、いよいよ困ってしまうだろう。ところが、そこはQ師範らしいというべきか、「しばらく辛抱したものの、堪忍袋を切らし『やかまし〜っ』と怒鳴った」ら音が止んだという。そして、「朝、小屋の外に出てみたら、あちこちに石が散らばっていた」。私の場合は、翌朝、確認した際には何も落ちていなかった。

あるいはまた、「人がいないのに読経の声が聞こえ」たりすることもある。ある滝行の夜、師範は「沢の上流のほうから少し異質の気が流れてい」るのを感じたので、同行していた初心者の弟子に「ちょっとここへ来て、上流のほうを向いてごらん」と促した。すると、その弟子は「わあっ」と驚いて跳び退き、「上からお経の声がします。人がいないのに」。師範が「異質の気」と思ったものが弟子には「お経の声」に聞こえているので、人の知覚や認知はそれぞれとも言えるが、何か違和的なものの存在が感じられていたことはまちがいないだろう。

ついでに、興味深い、おまけの話を一つ。師範のグループは一時期、旧盆の頃に滝行合宿をしていた。師範が言うには、そのときの経験として、「八月一三日の夜になると、たぶんこの行場を使った人たちの霊が三々五々集まって来る」のがわかる。「話し声だけが増えてくる」のだという。ところが、「一五日の夜、零時近くになると、話し声がだんだん遠くなり、零時と同時にすべての声が消えて、沈黙の夜になる」。弟子たちも経験したとのことである。滝行の夜は神秘が多い。

## 滝での実験

師範は、滝のなかでさまざまな実験、試行錯誤を行なっている。たとえば、仏教で用いられる多様な印相（手印）である。それぞれの教科書的意味を理解していても、ほんとうのことはわからない。そこで師範は、「さまざまな印相を組み、そのときの身心感覚を確認するように努めた」。滝行の場以外でも、たとえば、阿弥陀の九品仏(くほん)の印相（観無量寿経の説く九品往生に対応する阿弥陀の印相で、上品上生(じょうぼんじょうしょう)から下品下生(げぼんげしょう)まで九種類ある）についても、それぞれの気の流れの相違を確認している。

そして、「とくに滝行においては、滝に打たれながらさまざまな印相を試みた」とのことで、その結果、「印相はボディ・ランゲージ」というのが師範の持論になった。なぜなら、「印相により身体の気（エネルギー）の流れが多様な様態を示すわけで、エネルギーの流れの線だけを取り出したら、さまざまな言語に代わる、異界との通信メディアとして機能すると考えたから」である。なにごとについても体験重視の師範らしい。

師範はまた、水行の最中にさまざまな発声をするときの心身感覚の確認も実験的に行なった。通常、滝では不動真言や般若心経を唱えるが、龍神真言など他の真言や十句観音経なども試している。さらには、「仏教で用いられる経文にかぎらず、神道の大祝詞や『アマテラスオホミカミ』だけとか、『アー』だけとか、それぞれの音が脳内でどのように反響するかも試みた」。

つまり、高音と低音の相違、母音と子音の相違、母音だけを長く発音した場合など、条件を変えながら、頭蓋骨内でどう共鳴するかを次々に試したわけである。ついでながら、神道系の言葉を試す際には、「滝を出たら『鳥船の行』とした」という。鳥船の行とは禊ぎの行法の一つで、特有のかけ声とともに舟の櫓を漕ぐような動作をする。これは合気道の稽古においても必ず行なわれる。また、音声の実験とはちがうが、「滝の水の衝撃が頭蓋骨内でどう響くかも意識し」ていたとのことである。

これらの実験ができたのは、じつは閉眼して内界を観察していたかららしい。滝に入っている間は目を開けていることが求められる。「そうしないと魔界に入りやすい」からである。しかし、師範には、護られているという「自覚」があったので、「しばしば意識的に目を閉じていた」。それゆえ、印相による体感のちがいはもとより、時間の消失を感じたり、「異界の音楽」あるいは「天界の音楽」を耳にしたり、「頭蓋内でパーッと光が射」すのを見たりすることもできた。

また、「滝の水が皮膚に当たらず、体表から離れた所をスリップしてしまう」という現象も起きた。師範は

『『滝さんこちらに来てください』と念じてもみる実験もしてみた」とのことだが、スリップ現象は変わることがなかった。師範の推測では、「オーラ体ないし幽体の増幅により全身を包む膜ができ、肉体に当たる前に膜の表面を滝がスリップしてしまう」のかも、ということである。

あるいは、師範はこうも考えている。「はじめのうちは滝の水の圧力や冷たさとどうしても対立してしまうが、行が深まるにつれて、その対立は軽減していく。そして、それが無化されたとき、とても気持ちがよくなる。そうなると、不思議なことに、水が体表をスリップしはじめる。それまでの対立をもっと上の次元で解消すると、体そのものが変わるのではなかろうか」。

こうして、師範は滝のなかでさまざまな実験を試み、それぞれについて特異な知見を得ていた。しかし、そこには、霊能者に起きがちと言われる「一種の恍惚状態」のようなものはなかった。師範の場合には、「そこから先に行くべきではないという天の声のようなものが働き、直前に意識転換して」しまうのである。その点、「きわめてクール」である。そしてまた、この自制は、少々危険な状態に陥ったことがあるためでもあった。

こういうことである。滝行が進んだとき、「頭蓋骨の後ろ側に膨らみの帯が形成されはじめ」た。先達からは「孫悟空の頭の金輪が形成されはじめたと言われ」た。師範自身は、「左右の乳様突起が回りこんでつながる方向だった」と考えている。乳様突起とは、耳のすぐ後方にある頭蓋骨の小突起で、「ここを強く叩くと即死すると言われ」ており、武術的には注目すべき箇所である。

師範は「意識の用い方を変えることに集中した」。すなわち、「危険を感じて、できるだけ現世側の意識状態にする努力をした」のである。すると、孫悟空の金輪は「ほぼ消えた」という。当時の師範は、坐禅と滝行の影響で、「意識を凝縮すると時間を分断してしまうことが続」いていたため、「そのような意識凝縮を自己否定し、なんとかふつうの世界に戻った」。時間の分断については前々章でふれた。「これが進むと社会性に問題があると判断し」、意識凝縮を中止してことなきを得たのだった。

## 丹田の完成

師範の集中的な滝行は続けられた。以下の記録は、同じ年の夏の終わり近く、一五度目の滝行の際のものである。一五度目の滝行とはいえ、じつは初回からわずか二週間ほどしか経っていない。にもかかわらず、すでに着実に成果が上がっていることがわかるはずである。

S先生の案内で夕刻△△滝着、すぐに滝に入る。前回とちがった感覚を二つ実感。

第一は、目を瞑っているときに写真のフラッシュをたかれるとまっ白の光を感じるが、ちょうどそれに近い白い光に左脳側が包まれたのを感じたことである。S先生の解説によると、チャクラが開きつつあるとのこと。

第二は、第七頚椎の部分にトゲトゲしい痛みを感じ、その部分が鳥肌立って、しばらく消えないこと。(悪霊に遭遇したときのように寒気はない。)これも、S先生によればチャクラが開く前提とのこと。霊波が流通したということのようである。

師範の行はこのペースで進んでいく。そして、はじめて滝に入ってからおよそ一年後、身体の造りを目的とする修行はついに一つのゴールに達した。つまり、丹田の完成が実現したのである。「先達が驚くほど上達が速かった」。師範は、自身の心身変容に関して、「比重がいちばん高かったのは修験道の滝行」だが、例の呼吸法メソッドの習得や坐禅における気づきがあらかじめあったことが重要な「下地」となった、と考えている。

師範は、時代と地域の特性のため、海やプールを知らずに成長した。だから、じつは泳げないのだという。「したがって、水に対して極度の恐怖がある」。ところが、これがまた、結果的にはさいわいなことだったらしい。そもそも、それでも滝に入ろうと決心するほどの強烈な思い入れがあってこそのことではあるのだが。

というのは、こうである。「しかし、あとには引けない。作法通りの手順を踏み、九字を切って入滝。真言やお経を唱え」る。当然、「口から、目から、耳から、鼻から水が飛び込んで」くるが、しかもそれを「一息で、これ以上は苦しくて死んでしまうというところまで真言を唱え続け」なければならない。「息を吐ききった、もう一つ先まで」を心がけるのだという。

ここに滝行の核心部分があるので、師範による直接の語りを聞いてみよう。「こうなったらトコトンやると腹を決めてのことながら、息を吸うと、鼻から口から水が飛び込んでくる。『ああ、呼吸ができない。死んでしまう』という状態になったとき、異変が起こりました。体が生きようとして反応し、無意識のうちに順腹式呼吸と逆腹式呼吸の乱れ打ちになったのです」。師範自身の言葉でさらに言い換えると、「今までとちがう次元の生体エネルギーの発露」である。

つまり、「恐怖の極致になったとき」、生体が生きようとするおのずからの反応として、それまでとは次元の異なる新たな心身の状態が呼び覚まされ、これにより「一気に丹田が形成された」。そして、滝行は「本人の心身の条件、滝の条件、指導する先達のレベルによっては、丹田形成には最短距離の方法と言えるかもしれない」というのが師範の体験に由来する考えである。「真の武術家の行とはかくなるものか」と感嘆したS先達も、まったく同じ意見だったという。

「身体的にぎりぎりの条件になったときに、無意識の内に常識外のことが生じ、まったく異質の認識を得た」こと、つまり、「生命体の究極の反応に任せれば、意識や意図と無関係の現象が得られること」。そうした体験から、師範は、行というもののあり方をいっそう深く思量するようになった。「際どいぎりぎりのところまで自身を没入させない」ことには、いくら坐禅や滝行をしても「質的に変わ」れないのだ、と。

坐禅の際には、「極度の激痛」の最中に突如「まったく異質の透明感」を感じるという体験をし、滝行においても「呼吸が出来なくなるという恐怖感の極致になった時に生体の本源の働きが発現し」たことから、師範は、少なくとも「通常の思念が働く余地がなく」なることが「異次元へのスイッチが入」る条件の一つになると考えている。

師範の丹田が完成に近づいていく様子を、S先達による記録メモから抜粋して引用してみよう。

七月六日――

梅雨永く、雨降り続く。水量多し。この日も一刻前まで大雨であった。午後二時三〇分、水行開始。山霊の気、肌を刺し、落ちぬる水、なお冷たし。

正丹田が激しく動き出した。腹筋、背筋群がふくらみだす。上虚下実の態をなす。意（こころ）の念、手印（ムドラー）、氣、観想。三合の同調が始まる。

一五分間、自然と人とが相和した。


七月一三日――

そよ吹く風あたたかく、滝の水ぬるむ。樹々の若葉、青葉が、霜柱のように変化しだす。宇宙空間がねじれた。胸腺を中心とする、胸のエネルギー、念が強まった。自然界の暖かさに包まれて、二回目のこの日、師〔Q師範〕の体が急速に充実した。

右側の水は、突き刺すように落下する。師の頭上から落ちる水は、螺旋状の渦巻と化す。人の念と自然界の気、調和してやまぬ。滝の行者は水の上に浮かぶという。


七月二一日――

前夜来の雨、降り続く。水量多く、冷たさを増す。

臍を中心として、腹部がまるく形作られていく。腹式呼吸が強まっていく。このときより逆腹式呼吸がなされるようになる。

瞬時にして気は移行した。このふくらみあるところ、太陽神経叢という。内勁ができてきた証拠である。

落ちぬる水を頭部に受けしとき、鼻呼吸はできぬ。口をわずかに開け、臍を中心とした呼吸にかわる。それを「臍輪（せいりん）の息吹（いぶ）き」という。余人ではなかなかできぬ、無礙の呼吸である。さすが武人となった瞬間であった。

正丹田のふくらみ、さらに腹横筋がまるく体を一巡する形が明確となりはじめる。体内の質が変化し、はじめて体表、体型が変わる。仙人の体が完成するは間近と確信する。

〔さらに数度の行を経て〕八月三一日——

岩肌は苔にむす。足を滑らせば落下す。されど、道求むる者には自然界の、自然霊の護りあり。そのふところに抱かれて、菩薩道行者なり。

半跏坐または半跏趺坐、半蓮華坐。

法界禅定（ほっかいぜんじょう）。摩可止観（まかしかん）の代表的な印相。左手を上にする場合もある。体全体がまるみを帯びた。

九月七日——

本年における最後の水行。呼吸による、みごとなる充実。仙人の仏の体はできあがった。

じつは、S先達によるメモには、滝行中のQ師範の写真がたくさんついていて、非常に綿密な記録になっている。というより、写真のほうが主であり、メモはそれに付されたものである。メモが最後のほうで短文になるのは、師範の写真を見れば丹田の充実などの心身の変容が一目瞭然だからだろう。

この変容に伴い、武術面では、自他のサトル・ボディの操作と制御による術技、すなわち、丹田震動、経絡分断、幽体切りなどの完成度が極まったことは前章で述べた。たとえば、幽体切りにより、「相手の目より数十センチ手前を木刀で切り、その先の眼球表面に出血させ」ることもできる。滝行にまつわる興味深いできごとは非常に多いわけだが、その点に関する深層心理学的な考察は次章以降でまとめて行なうことにしたい。というのも、次章で扱う内容は、本章でふれたあれこれと密接につながっているからである。

# 第七章　霊異相承

## S先達の異能

S先達は武術の達人である。Q師範の丹田震動による無反動の湯呑み茶碗割りの記事を武術の専門雑誌で見る機会があり、さっそく入門を願い出たのだという。自身も達人でありながら、非常に謙虚な、学ぶ気持ちを持ち続けている人である。「抜群の身体能力」があるため、入門からわずか数年で師範から免許皆伝を受けた。師範に弟子多しといえども、これほど上達の速かった者はないだろう。

しかも、通常の伝承内容に熟達したというだけでなく、詳細は書けないが、師範から出された特別な課題もみごとクリアしてのことだったようである。クリアできたのは、S先達が修験道、気功、仙道、ヨーガなどにもなじみがあったことが大きく寄与したらしい。武術には、身体能力のみならず、そういった方面にも通暁していてはじめて理解できるような、深い奥義があるのだろう。

S先達のもともとのアイデンティティは、やはり武術家ということになる。しかし、比叡山で修行したこともあり、僧籍を持っていた。修験道でいえば、天台系のそれのエキスパートということになる。なにごとも一途に徹底的に極めなければ気がすまない性格のようである。それゆえ、けっして狭い意味での武術の枠におさまっていられる人物ではなかった。こうしてみると、S先達はいわゆる発達系（老松 2014）の特徴を色濃く備えている。

S先達には非常に強い霊能もあり、「意図的に霊界の対象人物を呼び出し、その者になって言動できた。また、条件によっては、本人の意志とは無関係に霊界の者が乗り移って言動した」。前ぶれもなく憑依が起きることがしばしばあったが、Q師範によると、「霊界の者が憑依した場合、眼の光や色」、あるいは「目の透明度が変わ」るのでそれとわかった。

随意的に人格変換が行なえる憑霊パターンを自在型憑依といい、病理的な憑依では軽症例や回復期に見られることが多い。健常者における自在型憑依となると、主たる人格の相当な安定性が必要（高畑・七田・内潟 1994）で、熟練、熟達のなせる業と言ってよいだろう。S先達はきわめて優秀な霊媒だったのだ。これは、深い宗教性に開かれている発達系の典型的な特徴が発展したものである可能性が高い。

また、S先達は「平素から龍の波長の影響下にあり、書く文字は、のたくった、読みにくい癖字だった」。前章で、師範の「仙人の仏の体」の完成に関するS先達のメモの内容を少しだけ紹介したが、たしかにそれも癖字で書かれている。失礼ながら、冗談抜きで、ほんとうにひどい。それゆえ、どこかに私の判読まちがいがありはしないかと危惧しているしだいである。

S先達の異能ぶりは枚挙に暇がない。ほんの一部だが、師範の言にもとづいて、もう少しあげてみよう。「異界のものが見える」、「異界のものが憑依した場合、そのものの時代環境における言語そのまま、また現代語にも適切に通訳できる」、「複数の他の者に一瞬にして霊界の者を憑依させた」、「複数の先師が入れ替わって憑依したこともある」、「私〔師範〕が指示する遠隔地の場所、ないし人を時空を超えて見ることができた」、「対象者が誰でも、Sが『この人の前世を出してみましょう』と対象者の腹をポンと叩くと、前世になってしまう」、等々である。

たとえば「通訳」に関しては、流祖の江戸時代初期の言葉、しかも訛りのひどい言葉を、師範が理解できるように直して伝えてくれたという。そして、「複数の他の者に異界の者を憑依させる」については、あるときQ師範の弟子とS先達の弟子に流祖とその好敵手とされる人物（じつは流祖の師匠格になっていたらしい）を同時に憑依させ、両者の闘いの場を現出させた。流祖が「ほぼ互角に」闘ったので、師匠格のほうが『R〔流祖〕よ、よくそこまできた』と褒め」たとのことである。

また、「遠隔地の透視」に関しては、第四章でふれた老師（師範が坐禅の姿勢について問うた相手）が「脳の病で……入院中に」行方不明になったとき、S先達にその所在を追わせたところ、ほぼ「透視どおりの場所」で発見された。「前世」については、師範の弟子ふたりが腹を叩かれると「前世の者になってしまい、ふたりがまったくわれわれにはわからない会話を続けた」。

S先達は、霊媒として、Q師範と流祖や先師とをつなぐ役割をはたした。詳しくは後述するが、その霊媒としての働きがまた尋常ならざるもので、夢中遊行、念写、自動書記など、多種多様な方法や媒体を通してQ師範に、失われて久しかった流派の術技の全貌を知らしめた。流祖の霊はS先達に「『お前は不思議な体をしているな。お前の体にはスッと入れる』と言ったそう」である。

そこで伝えられたものは、現在の当該流派の内容とは大きく異なっていて、別の流派と考えても差し支えないほどである。流祖の創始した根幹の部分、三名の先師たちにより付け加えられたいわば枝葉にあたる部分、それらすべてを含む体系を意味する新たな流派名が、あるとき、流祖からQ師範に与えられた。そして、師範がその初代宗家に任じられ、大役を謹んで拝命することになった。

けれども、そこには途方もない責任と重圧が伴っている。今度は自身が誰かにそっくりそのまま伝えなければならないのだから。それを一からはじめることになる。当時、師範は六〇代。はたしてあと何年、この高度な、そして膨大な術技を実際の動きでもって伝えることができるのか、という心配もあった。いつまでも時間があると考えるわけにはいかない。

なにしろ、合戦や果たし合いのなかで命のやりとりをしていた時代の殺傷術である。その頃の身体運用法に耐えうる体造りからやっていかなければならない。伝える側のみならず、伝えられる側もたいへんである。高弟を集めて、伝授のための稽古が続けられた。しかし、これほどの体系を完璧に受け継ぐことのできる者などいるものだろうか。ひとりだけいた。師範からわずか数年で免許皆伝を授かった人物が。師範はS先達を二代宗家の候補として指名した。

流祖や先師たちからQ師範への神伝はおよそ五年にわたって続いた。後述するある理由のために終わりを迎えたのだが、そのあとも初代Q師範と二代S先達の探求の勢いは衰えることがなかった。ところが、流祖や先師たちの霊が去ってから約七年後、S先達は病魔に襲われ、二年間の闘病を経て、惜しまれながら世を去ってしまう。二代目に先に逝かれてしまった初代の落胆がどれほどのものだったか、想像するに余りある。

## 念写

S先達が多様な方法で師範と流祖をつないだことを説明するなかで、「念写」という手段も使われたことにふれておいた。S先達は師範の滝行の様子をしばしば撮影していた。ポラロイド・カメラによる念写とアナログ・カメラによるふつうの写真を同時に並行して撮った。前者のほうは師範やその周辺の「念のエネルギー状態を写」すのが目的であり、後者は師範の「チャクラが開く過程を記録する」ためのものである。

水行を重ねるたびに師範の胴まわりは太くなってきていたが、S先達によると、それは「奇経といわれる、ふつうの人は詰まっている経脈のうち、帯脈が開き発達していく過程」にほかならない。その変化の様子がアナログ・カメラで撮影されている。「先生〔Q師範〕が将来お弟子さんに教えることになったとき、これがきっと役立ちます」とS先達は言うのだった。

現在のようにデジタル・カメラが普及していなかった時代である。ポラロイド・カメラは、当時、写した画像をその場で即座に見るための唯一とも言える手段だった。「念のエネルギー状態」のように、たちまち移ろってしまう可能性が高いものを瞬時に捉えて確認するには最適といえる。ポラロイド・カメラは、それゆえ、一部の人々の間で念写用として重宝された。

S先達の念写の能力は抜きん出たものだったようである。「同じ場でカメラを持ちかえて」異なる二つの次元を写し分ける能力。「私は多くの異能者に会っていますが、この能力はSだけでした。文献的には一定画面の念写なるものもありますが、目の前で二つのカメラ機能を使い分け、しかも刻々と変わる霊界の波長の相違まで写した者の存在を知りません」と師範は述べている。

三泊四日で行なわれた最初の滝行のときには、三日目と四日目にS先達による念写がなされている。Q師範の記録から、そこのところを見てみよう。まずは、三日目におけるはじめての念写に関する記述である。

普通の念写とちがって、S先生というメディアを通して、私の念のエネルギー状態を写してしまうのだから、すごい。

しかし、私のエネルギーの流れがだいぶ写ったものの、内容的にはもうひとつの感あり。私が不安になるのが早く、早めに滝を出る、あるいは意識の凝縮が切れてしまうからだという。

じつは、この念写のとき、S先達には、師範の後方に流祖の霊が現れたのが見えていたという。このことについては、あとで詳しくふれる。今はとりあえず念写の話である。では、四日目の記録に移ろう。

今回の念写もすごい。行の途中のものは、雲状のエネルギー体がさまざまに変化し、あるものは龍に似て、あるものは観音さまにも見える。(後日、□□先生に見せたら、はっきり観音に見えると言う。)そして、最後のものは、私の体がほぼ滝のエネルギー体に同調して消えている。やっと少し掴めた。滝に同化するということは、もしかしたら禅における禅定の境地に似ているのかもしれない。

S先達の念写の技術についてはともかくとして、三日目と四日目を比べてみるだけでも、師範の行が進んでいるのがわかる。三日目には、不安が生じてきたり、集中困難になったりしがちだった師範だったが、わずか一日でそうした問題点が克服されているようである。なお、このときにも、S先達には、師範の後ろ上方に流祖の姿が現れたのが見えていたとのことである。

さて、次は、それからおよそ一カ月後の滝行における念写についてである。

今回は、最初からすぐに異次元のエネルギーが急速に下りてきている。S先生によれば、「Q先生は、すぐに守ってくれる何かがあるということです」とのこと。……

一〇枚写した念写は、今回は異次元のエネルギーが明確に龍の姿に写っていたり、なんとも不思議な色の影(S先生によると何者かが私の前に立ち、その後ろから写したことになったのだという)が写ったり、まったく異次元の世界にいるとしか見えない写真があったり、私の前姿、後姿、背中部分のアップが三重

図8　S先達の念写とされる1枚　滝に打たれるQ師範の姿が下端にぼんやり見える（カバー袖にもあり）

に重なっていたり……、自身の自覚から見るとサッパリわからない。まあ、進歩しているという理解にしておこう。

私も、そうしたS先達による念写の実物を多数見せてもらって、非常に驚いた（図8）。定まったかたちなく流れたり漂ったり渦巻いたりしているかに思われる、黄色っぽい雲状の光の帯のようなものが、画面のなかを縦横無尽に躍動している。火花を思わせるものもある。ちょうどロールシャッハ・テストの図版を前にしたときのように、それらがいろいろなものに見えてくるのである。

不思議なことに、これらの光の帯には、遠近感というものがほとんどない。つまり、遠くに写っているのか、近くに写っているのか、まったく判別できないのである。三次元空間の距離という要素には無縁なモノだからということなのだろうか。師範の姿や岩や滝の像は、ちょうど手ブレのときにそうなるように、何重にもなって写っている。具体的な像そのものが光を帯びていたり、光に包まれていたりする写真も少なくない。

私が見せてもらった写真（図8とは別のもの）についての師範による解説がある。

最初の画面の私のすぐ後ろに来ている霊体がR先生（流祖）、離れて見ているのが××先生（先師のひとり）の霊体です。……霊体側が私の体内に入ろうとしているのですが、私の意識と身体の条件がそれを生じさせなかったということでもあります。無意識のうちに私が壁をつくったのかもしれません。

数枚の写真は、刻々と霊界の波長が変化し、さらにその他の波長が多く混在するようになり、それらに私が包まれて行くのが如実にわかります。

師範によるこの解説のとおり、念写のなかに見えるのは、最初はやや控え目な淡い光だが、しだいに虚空をうねる多数の光芒の一大ページェントになっていく。

## 事の発端

その光の帯が流祖であり先師であることは、写真を見るだけではわからない。しかし、この解説のとおりだとするなら、初年の滝行のときにもS先達が念写のたびに流祖の姿を見たと語っていることと合わせて考えると、師範の滝行の際にはほぼつねに流祖や先師が寄り添って見守っていたわけである。そして、やがてはそれが、前代未聞のかたちをとった霊異相承へと発展していく。

　約五年間続いたという霊異相承。それはどのようにしてはじまり、いかにして、何が伝えられたのだろうか。発端は、はじめての滝行の三日目に見られた、流祖の出現だった。さきほど、S先達による最初の念写についても述べたが、ほかでもない、そのときのことである。師範の日誌には次のように記してある。「〔S先達によると〕Rが私の後ろ上方に現われ、腕組みをして、愛弟子を見るように目を細めて見ていたという。風貌は、額が広く、異状なぐらい体ががっしりしており、腕も太く、タッツケ袴のようなものをはいていた由」。

　S先達の手になる、R流祖の肖像画がある。私も見せてもらった。鉛筆による簡単なスケッチだが、どことなく今ふうというか、マンガ的な筆致になっている。S先達の絵心がにじみ出ていて、なかなかに味わいがある。そして、そこに描かれている流祖は、なんということか、師範も言うとおり、驚くほど「美丈夫」にして「イケメン」なのである。完全に予想を裏切られた。

　さらに、翌日、四日目の念写の際にも流祖は現れた。「この念写のときも、Rが、今度は白装束で私の後ろ上方に現われ、S先生が『今回の行はこれで打ち切り、下山いたします』と思念したら、手を合わせ、『ありがとう、ありがとう』と言うように二度お辞儀をされたという」。S先達からの言葉は深く師範の胸を打った。「これはたいへんなことになった。半端ではすまされない」。

　なお、師範は、このはじめての年の滝行について、第一章でふれた女性の異能者に経緯を話し、念写の写真も見せて、意見を求めている。「なにごとも一方の見方のみでは、本質を見失ったり、屈折する可能性がある」からである。すると、すぐに憑依が生じた。そして、「水行時に現れたエネルギー」が例の「一八代前の先祖」

であることが明らかにされ、観音との縁について語られた。そして、霊を呼び起こした以上は供養しなければならない、と告げられたのだった。

この滝を懐に抱く独立峰は、かつて熊野系の修験の霊場として栄えた聖地である。また、山そのものをご神体とする神社の宝物殿には、戦前まで、R流祖が奉納したと伝えられる大太刀があったという。「この滝で行をはじめたときにR先生が感応して出てこられたということは、R先生もここの滝を使って行をされていたことと理解しています」。そう師範は語る。

流祖はもともとは豪壮な剣の達人として知られていたが、それ以上の遣い手である例の好敵手（S先達およびQ師範によると、のちには流祖の師匠格となった）と相見えて闘って敗れたのを機に、まったく質を異にする武器術を案出して工夫を重ねたとされている。それが新しい流派の発祥につながった。師範の滝行の日誌には次のように記されている。流祖もこの「滝で行をしたのではないか、そして剣を捨てたのでは、と思うと想いがつのる」。

流祖が合掌して二度お辞儀をしたという行から約二週間後、師範がまた滝に入った折りのこと。滝から出ると、S先達が、ある和歌を朗々と吟じる声があったのだが誰の歌だろうか、と尋ねてきた。「Q先生の行を見ていたら、急に声が出てきて、しかも自分の声ではないものですから」と。師範はその声を聞かなかったが、和歌には覚えがあった。その門外不出の武術を伝えてきた藩の出身で、勤王の志士として知られる武士のものだった。

その後、S先達は、その武士の親友で藩最後の当該武術の指南役だった者の名前を呼ぶ声も聞いたという。

Q師範は、もともとは全国にあった類似の武術がほとんど消滅したなかで当該武術が残ったのは、この武士に「思いを致す旧下級武士たちがいたからこそ」と考えている。そして、かの武士と親友のことが、当該武術を遡って追究している師範の「潜在意識に深く浸透しており、それが霊界を動かす鍵になった」と推測している。

冷えてきたこともあり、その年の滝行はそれから数週で終了となった。翌年の夏のある日、S先達から師範に電話があった。「私が滝行に行ったら、R先生が現れて、昨年来た行者はどうした、と言っていました」。昨年来た行者とは、もちろん、師範のことである。「『しまった。R先生は待っていたのか。すぐに行きます』ということで、爾来、毎年の滝行」がなされるようになったのだった。

## 神伝

滝行の際には、水に入る合間に、Q師範やS先達、同行している弟子たちの間で稽古も行なわれていた。それを見ていた流祖がS先達を通してこう言った。「お前たちがやっているものは、わしのものとは似ても似つかぬことをやっているが、ほんとうにその流祖がわしということになっているのか」。訊かれた師範は答えた。「さようでございます。だから、真伝を求めて行を致しおります。真のR先生を求めて行を致しおります」。

師範の答えを聞いて、流祖は慨嘆しながら言った。「残すのではなかった。それで皆が苦労することになったか。……ほんとうにわしが流祖ということになっているのなら、わしに責任がある。それでは、わしがやっていたことを伝える」。これをきっかけとして、五年に及ぶ「あらゆる伝授がはじま」った。「まさに文字どおり前代未聞の経緯でした」と師範は述懐する。

最初は、霊媒となったS先達を介しての対話による伝授がなされた。ついで、S先達による自動書記、あるいは憑依が解けてからの筆録も加わり、ついにはS先達に憑依した流祖からの実技指導に発展した。そして、はじめはQ師範のみへの指導だったものが、「徐々に弟子たちを含めての指導に変わ」っていった。あまつさえ、三名の先師も加わっての稽古会の様相を呈するようになる。

世に「神伝」と称する流派は多々あれど、ほとんどが霊夢などを通しての伝授である。むろん、それも神伝であることにちがいはないが、Q師範の場合は、「すべて神仏ないし先師が異能の者に憑依して、ときとして対話をし、また文章で伝え、また実際の動作をもって指導されたもの」である。この直接性が、Q師範の経験した神伝における他に類を見ない特徴の一つになっている。

S先達に憑依した流祖との対話が中心だった比較的初期には、その日の対話を終えて師範が帰宅したあと、流祖が突然、S先達に、「『〈師範に〉言い忘れたことがある。早飛脚を出せ』と言い出した」ことがあった。S先達が驚いて「時代がちがうことを説明」して理解を求め、今は電話というものがあると言うと、流祖はさっそく先達から師範に電話をかけさせたという。

また、このようなこともあった。前章で滝行にまつわる危険を述べた折りに、行小屋にどこからか小石が飛んでくること、いわゆる「天狗の礫」の現象が起きたと書いた。翌朝、何キロも離れた麓から来たS先達にその話をすると、時刻を聞いたS先達はこう言った。「その時間にちょうどR先生と話しており、R先生は、暗闇で弟子を空き地に立たせて周囲から石を投げつけ、感応捌きを覚えさせせろと言っておりました」。共時的現象というべきか。以来、ゴムボールでそういう稽古をすることになった。

そのうち、流祖は、「伝えたいことを片っ端から」S先達に筆記させて伝えてくるようになった。「霊流を受けた癖字」のため難読で困った、と師範。S先達が、そのなかの意味不明な箇所に関して「これはどういうことですか」と流祖に確認すると、まだS先達の能力を充分に理解していなかった流祖が、「お前はわからずともよい。あの者〔Q師範〕に伝えれば、あの者はわかる」と言うこともしばしばだったらしい。

流祖がS先達に「お前は不思議な体をしているな。お前の体にはスッと入れる」と言ったのは、それからまもなくのことである。流祖がそのことに気づいてからは、「具体的な動作指導もS師に憑依をされて行なわれることが続いた」。たとえば、丹田震動による体術の技の伝授がなされたことがあった。そのときの様子を師範は次のように回想している。

『『やってみろ』とR先生に言われて、やったのですが、S師は身長が私と同程度ながら骨太の骨格で中国拳法の達人、その体に六尺余のR先生が憑依した体です。ふつうなら重くて動かない。ところが、私が震動をかけた途端、パッと飛んで、くるっと回って、ストンと受け身をとった。その速いこと、軽いことに、私は唖然としました』。伝授の現場の模様が彷彿としてくる。

流祖からの直伝がはじまると、（ある先師によれば）「霊界で太鼓が鳴り」、「術技継承と変遷のキーマンと〔師範が〕思っていた三名がR先生の膝下に集まり、R先生の極意まで指導を受ける場、つまり稽古会ができてしまい、その結果、時系列的にR先生代行をして」師範への指導をするようになった。現れた先師たちが師範自身の重視していた人物ばかりだったことから、「現世の者の思念が霊界に何らかの作用をもたらした」可能性があると師範は考えている。

## 寂寥と悲嘆

流祖からQ師範へ伝授された内容については、ここで立ち入るわけにはいかないが、基礎的なことから高度な極意まで数百項目。そのなかには「宿題としたまま」になっていることも多々ある。というのも、すでに述べたように、流祖の術技と三名の先師たちの術技を合わせた新たな流派の名前が流祖から示され、Q師範がその初代宗家に指名されたものの、あまりに膨大な体系だったからである。当然ながら、体力的な問題もあった。

そこで師範は流祖に伝えた。「伝えられたからには、体現しなければ意味ありませんし、次世代に伝えられねばさらに意味がありません。ところが、先生方が生きた時代と現代では……極端に相違しており、私ばかりか弟子たちも……稽古時間の確保がたいへん難しいのです。したがいまして、私たちがお伝えいただくものの全伝を体現することも極度に難しく、伝えるものも一部にしかならないと思います。その事情をどうぞお汲み取り下さいますよう、伏してお願い申し上げます」。

流祖からいったんは「口上、たしかに承った」との答えがあったが、「わしの目に狂いはない。もっと自信を持て」とかえって叱咤されたとか。そこで、すでに述べておいたように、師範が「Sならば霊流による伝授を受ける能力、体力があることに鑑み、Sを『二代に指名するから、Sにお伝えいただきたい』と申し入れ」、それが認められたのだった。

その後、流祖の出現はしだいに少なくなっていく。理由はいくつか考えられる。まずは、師範に「全伝を伝えることができたこと」。また、師範がS先達を「二代にしたため、その後の伝承の見通しが立ったこと」もある。さらに、「後世の歴代先師たちにも霊界で極意を伝えることができたこと」も大きい。これらにより、流祖の「現世への執着が消え……どんどん天空に上がることになった。次元のちがう世界に入」っていったのである。

流祖の「魂が次元がちがう世界に昇ってしまい」つつあったため、かわりに三名の先師たちが指導をしに現れていたが、「それぞれが自分の技を伝えてくる」ので、体系はますます膨大なものになっていった。それゆえ、先師たちの術技に関しては、師範も「充分に受け取らなかった」という。

流祖は先師たちについてこう言った。「あの者たちは、稽古のときは嬉々として稽古するものの、稽古以外のときは……ポツネンと無念、寂寥の底に沈んでいるのを見ると、しみじみ、わしのものを残すのではなかったと後悔している」。師範はその点が気にかかる。「霊界でR先生の指導を受けた各先師は、術技については満足したはず」なのに、寂寥の底に沈んでいた。それが、先師たちの術技を「私が充分に受け取らなかったから」だとしたら、「胸が痛」む。そう師範は言うのだ。

三名の先師たちは、時代の風潮のために、みずからのほんとうに伝えたかったものを伝えきれていなかったのではないか。「現世でおのれが世に評価されず……無念の念を持って死んだのではないか」。各先師の生きた時代を考えてみると、おおいにありうることなのだ。そのような者は「霊界に到ってもその念が消えず、ほんとうに往生することはない」。師範はそう考えて衝撃を受けた。

流祖は師範に、「現世で伝えきれないものは、それでよい。捨ててもらってもよい。ただおのれの生を尽くせ」と言ったという。このことについて師範は、「真の私のあり方についての根幹的教えであり、真の人生のあり方のご指導としてありがたいことでした」と述べる。最期のときに無念の念を抱かぬようにすること、真剣に努力できるだけは努力し、それでも無理なところには執着せず、「あとは見切って」淡々と放下すること。そうして、流祖の昇った「至高の高みを追うこと」。これが師範の生の哲学である。

少し話を戻すが、先師が師範の弟子たちに「直接、実技指導」をしてくれたこともあった。ただし、「皆はわからなかった」。はじめのうちはS先達が指導していて、途中、いつのまにか先師に「変わってしまう」からである。あるときなどは、S先達が師範の稽古場に来て、「伝え忘れたことがある」と言い、師範に居合刀で切りかからせた。先師による極意の伝授だった。

そのとき、師範は、S先達の「眼がちがうので」先師だと気づいていたが、その場にいた弟子たちにはほとんどわからなかったらしい。のちに、「〔先師が〕『伝えた。伝わった』とたいへん喜んでいた」とS先達から聞いたとのことである。しかし、師範といえども、S先達への流祖や先師の憑依がつねにわかるわけではない。「『これから憑依する』と言ってくだされればよいのにと愚痴」をこぼしたりもしたという。

流祖の指示を受けて最後まで指導してくれた先師も、流祖の顕現がはじまってからおよそ五年後に身を引いた。そして、それから一〇年弱で、師範にとって頼みの綱だったS先達が他界。結局、師範がS先達の「筆伝を得た範囲以外は失伝」することになった。とはいえ、それだけでも膨大な量と内容であり、術技を読み解くはてしない作業が残された。「現世における伝承の難しさです」と師範の嘆きは深い。

## folie à deux

本章でたどってきたQ師範とS先達の関係性はきわめて特異なものである。アニミズム的、シャーマニズム的な世界観や霊魂観が、ただ単に共有されていただけでなく、関わりの深まりに伴ってどんどん多面的になっていき、その広がりはとどまるところを知らない。しかも、はじめての出会いからわずか数年のうちに、上述のような類を見ない体験にまで発展したのである。

精神や心の臨床家なら、この経緯を見れば、まずまちがいなくfolie à deux（フォリ・ア・ドゥ）の可能性というものが脳裡を横切るだろうと思う。なので、その点に関する考察を避けて通るわけにはいくまい。folie à deuxは、邦語では「二人組精神病」とか「感応精神病」などと呼ばれる、かなり特殊な精神状態を指す。その一部として「祈祷性精神病」というカテゴリーもある（大宮司1993、高畑・七田・内潟1994、柏瀬2004、大月2011、柴山2017）。

「祈祷性精神病」、「感応精神病」という呼称からもわかるように、この状態は憑依現象との密接なつながりがある。現在、かつてに比べて憑依現象そのものが非常に稀なものになっているので、こうした状態に出会うことは少なくなったが、典型的なパターンとしては、まずある人に憑依性の精神障害が発生し、ついで周辺にいる人、多くの場合は家族のひとりにも類似の状態が発生する。

あたかも、発端者（はじめに発症した人）から感応者（あとで発症した人）へと憑依状態が感染したかのように見える。あとは、ふたりの間に病理的状態をさらにエスカレートさせるような相互作用が働き、混乱が深まっていく。憑依するものは、狐や蛇の霊だったり、死者の霊だったりすることが多いが、同じコミュニティのなかの誰か（生者）であることもある。

「祈祷性」とはいうが、必ずしも祈祷のあとに起きるとはかぎらない。もちろん、こっくりさんなどの占いやライフイベントにまつわるあれこれの祈願などに続けて発生するのが一般的ではある。しかし、ただそういった話を耳にしただけにすぎない場合もあるし、これといったきっかけがない場合もある。近年では、憑依や霊魂の観念とはまったく無関係に、電波、磁気、放射線などといったものの影響を訴える例も出てきている（柏瀬 2004）。

ところで、師範と先達の場合、当の本人も周囲の人々も憑霊現象のために困ってはおらず、日常生活における適応性も保たれていた。充分な現実検討力があったと言ってよい。いかなる症状にも、症状化する以前の本来的な機能がある。症状にならずに保たれていれば、何か役に立つはずなのである。では、未然の祈祷性精神病のそれは何か。師範と先達のケースは、その点について示唆するところが大きいので、非常に貴重である。

比較的個人に近い水準で深層心理学的に考えると、流祖や先師たちは師範のさまざまなコンプレックスを表している。つまり、それらは、流祖のあり方で代表させるのがふさわしい内容を持つコンプレックスであり、また先師たちのあり方で代表させるのが最適なコンプレックスである。師範が強い関心を寄せてきた一部の先師たちしか登場しなかったのは、個人的な水準の心理が相当程度、反映されていることを暗示している。

一つのコンプレックスは、ある共通の感情的色彩を帯びた表象やイメージの集まりである。ならば、先師たちの姿を借りたかたちで体験され意識されていたコンプレックスは、いかなる感情で結びついていただろうか。ここでは、便宜上、出現した先師たちを一括りにして扱うことにしよう。すると、共通の感情として思い出されるのは「寂寥感」である。背景には、伝承の難しさがあった。

一方、流祖の姿を借りたコンプレックスについてはどうだろうか。流祖が気持ちが満たされるにしたがって天界へ上昇していったということは、逆に言えば、はじめのうちはやはり満たされていない何かがあったのだろう。だからこそ、この世に、つまり意識の領域に顕現してきたわけである。師範の考えでは、流祖は、みずからの流派のすべてを伝承でき、後継者も定まったがゆえに、上昇して消えていったということなので、自流の姿がどう伝わりどう理解されているかを心配していたのかもしれない。

くわえて、流祖の敗北感と恥辱というものがこのコンプレックスの特徴的な色合いなのではないか、と私は思う。この流派は、最前も述べたとおり、流祖が例の好敵手に敗れたことに端を発する。そこから試行錯誤が積み重ねられた結果、誕生した流派である。事実かどうかはともかくとして、少なくとも現代の者にはそう伝わっている。したがって、当該の流派そのものが敗北感に色づけられて凝集したコンプレックスの現れであると見なすこともできるだろう。

師範と先達による、流祖や先師たちの憑依を媒介とした交感の経過を振り返ってみると、師範は、流祖の姿で表されるコンプレックスを、意識へと統合することによってみごとに解消している。それが流祖の天界への上昇である。さらに師範は、みずからの受け継いでいる流派そのものをコンプレックスから解放しつつある。これは歴代の先師たちとの交感においてかなりの程度まで成し遂げられた。未然の folie à deux が持っている本来的な効用がこういった点に働いたものと見てよい。

師範は選ばれて、重大な使命を引き受けた。そして、一定のところまで成功した。そこでなされたのは、傷ついた武術、トラウマを負った武術を癒す試みではなかったか。というのも、師範と先達の経験は、トラウマにもとづく多重人格、つまりトラウマ関連のコンプレックスが自我による丁寧で繊細な関与によって癒されていくプロセスを彷彿とさせるからである。

## トラウマ関連コンプレックスの解消

そのようなクライエントは、交代人格となって姿を見せる迫害的で過酷なコンプレックスに苦しめられている。セラピストは、クライエントの自我が、本来は自身の一部でありながらそれまで顧みられることのなかった感情をどうにかして抱えていけるよう、手助けする。容易なことではないが、丁寧に努力を続けていけば、紆余曲折のはてにある重要な変化が起きてくることがある。

やや図式的な説明になるが、迫害的なコンプレックスがもともとは保護的なものだったことが明らかになるのである（柴山 2017）。そのコンプレックスは、創造的な力を有していたがゆえに、傷ついた自我を癒そうとした。しかし、傷が深すぎて、何度やっても試みは失敗に終わる。失望と絶望のはてに、保護者は迫害者に転じてしまったのだ。かわいさ余って憎さ一〇〇倍とでも言えばよいだろうか。

そのような正体が明らかになってくるとともに、途方もなく遠くに隔てられていた迫害的なコンプレックスと自我が徐々に合一に向かいはじめる。意識への同化によるコンプレックスの解消である。この合一がなされると同時に、心の最深奥にひそかに匿ってあった根源的な生命力も甦ってくることになる。コンプレックスは心的な生命力のかたまりにほかならないからである。

流祖の姿をとっているコンプレックスは、表向き、迫害的な性質を持っていない。しかしながら、言い伝えによれば、流祖は大男で派手好き、かなりのカブキ者だったことになっていて、少なからず粗暴な人物だった印象がある。その人物が闘いに敗れたのだ。どれほどの暗い思いが胸の内にふつふつと沸き立ったことだろう。流祖のイメージを中核とするコンプレックスにはそのような暗い裏面があるのだが、そちらは別のコンプレックスとして分離されていると考えられる。

流祖のコンプレックスの裏面である迫害的な性質は、じつは、闘いに敗れた武者として観音を傷つけついには殺された先祖の像のなかに、また蔑ろにされて卑怯な復讐をした一八代前の先祖の像のなかに透けて見えている。それが、恥辱、悔しさ、自己嫌悪、罪悪感を重く師範に負わせているからである。この一八代前の先祖と流祖が、師範の最初の滝行の際に相前後して出現した、という事実を思い出してほしい。

その迫害性は、流祖の変容によって本来の保護者的な姿に戻っていく。流祖が師範に明かした後日談は印象的なものだった。つまり、流祖は好敵手に敗れ、復讐を断念したばかりでなく、その好敵手に対して「私淑とも言える師弟関係」となり、助言を受け入れたり崇敬したりしたというのである。流祖が語る和解は、象徴的次元においては、落ち武者として死んだ先祖と一八代前の先祖が師範に負わせた恥辱感や罪悪感の軽減に等しいところがある。

流祖は天界に上がったが、先師たちの寂寥は残っている。すなわち、師範は武術のトラウマを完全に癒しきれたわけではない。けれども、流祖の姿をとるコンプレックスが解消されただけでも充分である。それとて誰にでもできることではないのだ。道はすでに拓かれた。先師たちで表されるコンプレックスとの仕事は、いつか天才的な後裔が出現して担ってくれることだろう。師範がそうしたように。

それにつけても、臨床的観点から見て驚きなのは、S先達の霊媒としての能力の高さである。「霊媒としての能力」というのは、憑霊の速さや幅広さにかぎらない。また、憑依されている状態で発揮しうる身体能力の優秀さということだけでもない。私が言いたいのは、個人的および非個人的なトラウマ関連コンプレックスの統合と解消に不可欠な言葉や行動を発する能力のことである。

S先達は、トラウマを扱う優れたセラピストとしての働きを、なんと憑依されている状態で担うことができた。コンプレックスの解消につながる要素を的確に拾い上げていたのだ。先達自身の内側から掬い上げたのか外側から掬い上げたのかは、この際、問題ではない。役に立つ要素を無意識のうちに選び取り、いずれも適切なタイミングで師範に伝えることができたのである。

S先達が伝えたのは、流祖が元好敵手に「私淑」していたことだけではない。これはすでに述べたが、師範の弟子と先達の弟子に流祖と元好敵手を憑依させて闘わせ、後者をして前者の成長を賞讃せしめたこともあった。また、師範の主宰する団体のある年の新年会の際には、和やかな雰囲気に惹かれた流祖と元好敵手が霊界より訪れ、かわるがわる先達に憑依しては、それぞれ「歌を吟じ」たりもしたというのである。

そのほかにも、流祖はS先達を通して、元好敵手にまつわるさまざまなエピソードを師範に語った。元好敵手の留守中、流祖が代理として道場で弟子たちに稽古をつけたこと、元好敵手からの礼金で流祖が「生まれてはじめて豪遊」したこと、元好敵手の晩年の行場で執筆中の武術論を見せてもらったこと……そのようなあれこれがS先達によって掬い上げられて伝えられた。先達は類稀なるセラピストである。

このことは逆の方向でも考えられる。つまり、コンプレックスへの師範の対応の一つひとつが細心の注意を払ってのものだったおかげで、先達はその解消につながる要素を的確にピックアップしえたのだ、と。師範一流の極意の心法と言ってもよいかもしれない。先達の能力が最大限に発揮されるよう、師範がきっちりと条件を整えていたということである。これはセラピストとクライエントの関係性に酷似している。その種の二者関係は相互的な変容を特徴としているからである。

双方の変容がインタラクティヴに生じる関係性が、師範によるトラウマ関連コンプレックスの解消に大きな役割をはたしたことはまちがいない。桁外れに困難な作業が、師範と先達の未然の folie à deux とも呼びうる特異な関係性において成し遂げられたのだ。folie à deux の肯定的な本質がそこにある。本質とは相互変容的関係性の形成のことである。なお、トラウマの癒しをめぐっては最終章であらためて検討することになるだろう。

# 第八章　知　命

## 異界の扉を開く

本章では、師範による異界との関わり方を見ておきたい。これまでの諸章においても少なからず見てはきたが、それらは基本的に行をめぐってのことだった。本章で見ていくのは、行と直接の関係がない、師範と異界との関わりである。そのような関わりには、霊媒となる異能者が介在している場合と師範自身が異能者としてそこに関与している場合とがある。

行の折りだけでなく、行から離れた場においても、師範は、そうした異能者を通してしばしば天命を悟ってきた。これは非常に興味深い。ところが、さらに興味深いのは、それに先立って、師範が異能者の能力を促進し、より広範な超越的存在とのコンタクトを可能ならしめているケースがあることである。師範自身の表現によれば、「私は異界の扉を開けてしまう特性があるようです」となる。

あのおなじみの異能者、一八代前の先祖や落ち武者となった先祖から発する師範の宿命を告げた、観音の依代である女性異能者に再び登場してもらおう。彼女は、師範と初対面のときには、「ちょっと異界のことがわかる主婦」で、「表現のあり方、あるいは判断のあり方が、女性特有のもの」だった。しかし、師範に接しているうちに、「高度、かつ広範な憑依が見られるようにな」った。

そのとき、師範は、彼女が師範の言語能力や知的能力をわがものとして使いはじめたことに気づいた。師範特有の理解の仕方や表現の仕方が転写されたようなものである。そうしてはじめて、この女性異能者は、観音だけではなく、さまざまな超越的存在や死者の依代となれるようになった。霊界から呼び出してほしい者の名前を告げればすぐに憑依が起きるのである。

おかげで、師範は、「何人も知りたい先師と対話することができた」。しかし、この異能者を通してさまざまな死者の霊と出会ううちに、師範は、こうした口寄せには一つの法則のようなものがあることに気づいた。「霊界の者は『無念の念』をもって他界した場合は呼び出しやすく、おのれの人生に満足して他界した者は呼び出しにくいこと」である。これは、流祖が師範に伝授を行なうことで満足して天界に上昇し、現世に姿を現すことが稀になっていった現象にも通じる。

死者の霊のみならず、あるときなどは「急に白龍が憑依し」、口から「玉をゴホゴホ、パッと吐き出し」た。

そして、師範に対して、「『お前にやろう。ただし、磨かねば宝玉にはならない』。『これが光を放つようになるかはお前しだいだ』と言」った。師範は「ハッと両手でいただいたものの、どう磨くかはおのれが考えよということと受け取」ったという。この白龍の出現も、師範が、意図せず「異界の扉を開けてしまう特性」を有することとつながっているわけである。

別の女性異能者にまつわるエピソードもある。こちらは尼僧で、やはり当初は、少し拝んでから観音による憑依の範囲内で、自動書記的に指で書きながら舌語り（憑依した霊が一人称で語るかたちの発話）をしていた人物である。しかし、師範と話をしていたときにある神が降りてきて、それ以来、神と仏の両方が憑依して言葉を伝えるようになった。「受信能力が一挙に神々の世界にまで広がり、活動枠も広がった」らしいのである。

「ある神」とは、高御産霊神（たかみむすびのかみ）だった。そのときの様子はこうである。あるとき、彼女が師範に対して、「私はまったく神さまのことは知りませんが、タカミムスビという方が出てまいりましたが、わかりますか」と言う。そこで師範が、「はい、それは、天照大御神よりはるか上位の、造化三神の一柱です」と答えたところ、異能者は次のように語った。

「その方からです。お前たちが言う卑弥呼よりはるかいにしえの世に神々の世界があった。神々はそのことを後世に伝えるべく、タネを植えた。お前も、お前の前にいる尼僧もそのひとりだ」。いきなりそう言われて、師範は「？？？」。「『で、何をしろというのですか』と問うた」ものの、白龍が玉をくれたときと同じで、答えはない。師範は「『気づけよ』ということと理解した」。

高御産霊との縁に関しては、また別のルートもあった。ついでにここで記しておこう。師範は、七〇歳を前にして、家族の病を含む「極度の内患外憂」状態に陥ったことがある。差し障りがあるので詳細については割愛するが、このとき「ある霊能者を通じて高御産霊神、市杵島姫命と縁ができた」。つまり、高御産霊を祀るある強い気を持つ社の傍らの「市杵島姫神社の水」を飲ませよ、との神示があったのである。市杵島姫は水の女神で、宗像大社、厳島神社の祭神として知られている。

効果は覿面だった。以来、師範の「神社参拝が増加し」、その神社には毎年参拝している。私もその神社や近隣の神社への参拝に同道させてもらったことがある。高齢の師範は宮司の手を借りて長い参道を登る。お供の弟子も私も驚いたのだが、つらそうだった師範の足腰が途中から急にシャンとした。師範は以前にも別のところで助けてくれた天狗に助力を求めたのだという。

師範は、「私の手をとっていた宮司の手が力強く変わ」った、と言う。S先達亡きあと、師範と親交の深い異能者のT師は、あの今泉定助の血を引く気功師なのだが、写真を見てこう透視した。師範と宮司にはそういう力のサポートが来ており、同道した私たち数名の者にも同様の影響が届いている、と。もっとも、師範は、帰宅後にツケが回ってきて、しばらくの間はちょっと動くだけでもたいへんだったそうである。

## 由来不明の神像

さて、ここで、S先達のことをあらためて思い出してほしい。S先達はもともと霊媒としての優れた能力を持っていた。けれども、師範が傍らにいると、S先達にもふだんとは異なることが起きた。つまり、師範が「〈口寄せを」頼まなかった神仏、あるいは霊界の者がふっと憑依してしまう」。その最たるものが流祖であり、先師たち、さらには流祖の元好敵手などである。

師範が意図せず異界の扉を開いたり、思ってもみない神霊を呼び寄せたりすると、そこに現れた当の神霊が、師範のまっとうすべきことを示唆してきた。白龍しかり、高御産霊しかり、流祖しかり。師範はそのようにしてみずからの使命や運命を知った。師範には多くの使命が与えられているようで、武術に限っても、流祖から伝えられたことのほかに多彩な神示がある。以下にそうしたできごとを紹介するが、そこにも、師範が「異界の扉を開けてしまう特性」が強く働いているらしく、T師によると、最近はとくに師範が「フッと思うと、どなたか（ときとして神、ときとして霊界の人）が来てしまう」との由である。

できごとというのは、ある日本画をめぐって起きている諸現象である。その日本画には、ひとりの神、ないしは神人が描かれている。この神像の眼差しには異様な力がある。異界を見ている眼差しとでもいうのだろうか。「どういう経緯で入手したか全く記憶にない」と師範は言う。数年前、ふと気になって出してみると、「ぼろぼろの箱書きは、『鹿島神宮』と『ご神像』」になっている。「調べたところ、原画は鹿島神宮にある」ことがわかった。

鹿島神宮が香取神宮と並んで武術発祥の地とされており、多くの道場に両宮の掛け軸や神札が祀られていることは、すでに述べたとおりである。師範の主宰する団体では、特別行事の際、会場正面に両宮の軸にくわえて天照皇大神の軸も掛け、T師による招神の儀に続いて、本麻で襷がけをした師範が禊祓の儀式を執り行なうのを恒例としている。ところが、ある年以降、そうやって三軸を飾りはじめると、その「神像の神が飛んでくるようにな」ったというのである。

　師範がさらに流祖から「神伝で伝えられた」演武を行なったところ、それを「心眼」で見ていた鹿島神宮に縁の深いある流派の継承者が、深く感銘を受けた様子で、「国摩伊賀津臣命（くになづのいかつおみのみこと）がQ先生に重なって躍動して」いた、と師範を賞讃した。国摩伊賀津臣は鹿島神宮の初代宮司であり、鹿島大神の裔である。このことから、「あの神像はどうも伊賀津臣命」らしいことが明らかになった。やはり武術の根源を究めることが師範の使命なのだろう。

　また、ある年の特別行事の折り、三軸にくわえて、表装し直した神像の軸もはじめて掛けてみたところ、神威のバランスがとれるだろうかという師範の心配をよそに、「場がさーっと明るくなり……なんと鹿島の軸と調和してしまった」。その前で演武をする師範の背中から光が発せられているのを見た弟子もいる。

　このときには、もう一つ、「不思議なこと」があった。T師による招神の儀では、三軸の神々（天照、武甕槌（たけみかづち）、経津主（ふつぬし））の名を続けて呼ぶ。ところが、鹿島神宮の軸と神像の軸に向かったとき、T師が突然「発声できなくなり……結局、次を呼ばずにすま」さざるをえなかった。二軸に向き直った途端、威力ある神の力を浴び、発声できなくなったというのである。

　T師が「休憩時間にその軸の前に座り、じっと無言の対話をしていた」ので、師範が理由を訊いた。「画像の神が鹿島神宮に入るかと思ったら、どうしても入らないのです。どうも、画像の神のほうが武甕槌より位が上のようなのです」とT師。「そういうことだと〔したら〕、いま画像を憑代として来ているのは、伊賀津臣命の祖……岩戸開きのときに祝詞をあげた天児屋根（あめのこやね）かもしれない。それなら、武甕槌より上位といえるかも」。「どうもそのようです」。

師範はその神像の絵をある算命学の鑑定士に見せたことがあるという。一口に算命学の鑑定士といってもいろいろで、この人の場合は、単なる占い師ではない。師範の背後に市杵島姫の姿を感じ取るそうである。私も一度、鑑定をしてもらったことがあるが、鑑定書には深玄な内容が凛としていながらもやさしさの感じられる表現で綴られているのが非常に印象的だった。

さて、師範がその鑑定士に神像を見せたときには、「字が見えます。神日本何とか……あとの字が読めません」という反応だった。師範はそれを聞いて、「神日本磐余彦（かむやまといはれびこ）、つまり神武天皇」と理解した。国摩伊賀津臣、天児屋根、そして神日本磐余彦……。こうなると、描かれている神ないし神人が何者であるにせよ、「あの神像を依代として神々が入れ替わりながら現れた」ということになる。

それだけでも非常に珍しい現象であるように思われる。さまざまな神異を意図せず呼び寄せたり、ふと思っただけで引き寄せたりすることもまた、師範が「異界の扉を開けてしまう」特性の一部なのだろう。そして、この特性が、はじめにあげたふたりの異能者やS先達の場合と同様、周囲の人々の異界への感性を変容させることにつながっていくのは興味深い。

## 観（かん）の目

Q師範の周囲には、異能者が集まってくる傾向がある。しかし、集まってくるのは異能者だけではなく、異界に連なるモノたちだと考えるほうがよいかもしれない。師範には、そういうモノたちと遭遇して、みずから異能を発揮して対処した、という経験も多い。本書では、ここまで、師範が異能者に相談したエピソードや異能者からの助力を得たエピソードを中心に述べてきたが、じつは師範自身も異能の持ち主である。

その意味で、師範の近辺に異能者が集まってくるのは、「類は友を呼ぶ」の好例である。師範の異能は、あえて言うなら、研ぎ澄まされた五感、拡大された五感が土台になっている。そして、持ち前の部分ももちろんあるが、修練を積んだ優れた武術家ならではの能力としての側面も大きい。

師範の場合、たとえば視覚にまつわる領域であれば、宮本武蔵の言う「見(けん)の目」が「観の目」（松延・松井2003）へと拡大されて質を異にする奥行きが獲得されていると言えばよいかもしれない。一般に、「見の目」は肉眼、「観の目」は心眼による感知力と理解されているが、師範の考えでは、後者は、機能の拡大した視覚と機能の拡大した触覚とが合わさった感覚を表す概念ということになる。

古武術の一部の流派において、霊的な水準での闘いを念頭に置いて組み立てられた所作や形(かた)があることを考えても、異界からの影響への対処は武術の重要な一部と言える。したがって、異能について語り、異能者との関わりをたいせつにし、さらには異界からの影響を見抜いて祓ったり浄めたり断ったりすることは、武術を追究してきた師範にとって、みずからの使命をまっとうするための営みにほかならない。

師範の観の目の働きを見てみよう。あるとき、弟子のひとりが「疲労困憊の態で」稽古場にやってきて、「『何かおかしいです』と言う。見ると黒いものが被さっている」。師範は「心身が虚しており、邪気が……被さっている。これは厄介」と判断。その弟子を呼んで、「床に足を投げ出したかたちをとらせ」、師範独自の「祓いを行ない、深く呼吸をさせて……活を入れた」。

さいわい、弟子は生気を取り戻した。師範の観の目の鋭敏さについては、ここまでのエピソードで充分にわかるが、話にはまだ続きがある。たまたま傍らに別の女性の弟子がいて、一部始終を見ていた。そして、ニヤッと笑った。師範が「ほう、きみは見えたか」と訊くと、彼女は「はい、邪鬼が二匹、転がるように出口のほうへ逃げていきました」と答えたという。

余談になるが、彼女はマッサージ師だったので、後日、師範は施術してもらいに行った。ところが、師範は「体を揉む彼女の手が異質に感じ、『いま私を揉んでいるのは、きみの手ではない。どういうこと』と尋ねた」。彼女の答えは「はい、どうも私の手であって、しかも私の手ではないと思います。中近東のほうの人の手です」というものだった。彼女にも観の目があるのだが、異界からの影響をコントロール可能な状態で活かせるところまでは至っていない。

また、ある女優のケースでは、「顔立ちはよい」のに「全体的に暗い」ことから、「邪気の強い人の影響を受けている」のがわかり、「かわいそうなので、家に来てもらい祓った」。そのときには明確な変化が見られなかったが、その後、彼女から来た手紙に、「『私は何年も笑ったことがなかったのですが、祓っていただいたあと、私が笑っているのに気づきました。ありがとうございました』とあった」。師範の解釈によると、「邪気が正常な感情の動きを抑えていた」。

こうした例からわかるように、師範の観の目は、しばしば「黒い」ものや「暗い」ものを感じ取っている。それは人間に関してばかりではない。建造物の周囲や「建造物の上方に黒い霧のようなものが見える」こともある。近所にあった神社は「参道の暗さが気になった」ため近寄らないようにしていたところ、「案の定、あるとき、参道の横の家が燃え、人が死んだ。しかも、次の日には、その家の参道をはさんだ反対側の家も火災で消失した」。

焼けた家の人たち、亡くなった人たちにとっては気の毒なことだったが、その火事によって「参道の上方がきれいに抜けた」のがわかったという。かつて有名な寺院が燃えたときにも、本堂の「上方の気がきれいに抜けた」のを師範は見ている。ほかにもいくつか似たような例を経験したことから、師範は、「陰の気が充満してしまうと火によって浄められるケースが多いと理解している」。

もちろん、師範の観の目が「黒い」「暗い」ではない異常を感知することもある。あるとき、若い女性が入門してきた。よい稽古をしているのだが、師範には「不思議に左二の腕が実際より太く見えた」。そして、「きっと流産し、その子への思いが潜在意識として残り、抱き続けている」ものと確信した。「重たい子どもを抱いていることが多い母親は、二の腕が太くなる」からである。

「潜在意識がずっと赤子を抱いているため、潜在意識が幽体を膨張させている」。そうした背景の複雑さから自身の「手には余る」と考えた師範が、その場にいたT師に「『あの娘、まだ抱いている。何とかしてあげられないか』と言った途端、彼の目がピカッと光り、『大丈夫です。観音さまが引き取ってくれました』と言った」。その後、その女性の二の腕のふくらみは消えたという。

ほかにも、数々のエピソードがある。師範がある滝に行ったところ、「信者さん数名を連れたばあさん」が先客として行をしており、その姿を見ると「蝦蟇が憑依している」のがわかった。「信者たちには見えない」らしい。「異界のものの憑依に価値観を持って……新興宗教のようになってしまう」ことがあるが、異界について「わからない人が多すぎ」るので注意が必要だと師範は戒める。

師範は本格的に治療的な関わりをすることもある。それは師範の豊富な経験から編み出された方法である。たとえば、ある女性が「『私は多重人格ではないかと思います』と言」ってきたことがある。しかし、その目を見てみたところ、師範には、「この女性は巫女体質で、本人がそれをまったく自覚していない」ことがわかった。そこで、師範は彼女に助言と指導を行なうことにした。

助言はこうである。「『あなたは巫女体質です。しかも、あなたが自己確立ができていないため、私から見て、複数の霊波が入れかわりながら出入りしています。だから、自分の性格が多重人格と思うのはまちがいで、それはそのときに侵入した異界の波長に左右されているだけです。本来の自己を見出す努力が必要です。そのためには、まず丹田を作らねばなりません。丹田が確立していれば、異界の低級波長は入らなくなります』。それから、ある種の立禅を指導したところ、彼女は落ち着いた女性になったそうである。

こうした諸事象に関して、師範は、「異界のものが見える場合、あるいは異界のもの……に憑依される場合、その者の性格的特質や身体的条件により表現されるものが大きく異なる」という見解を持っている。「つまり、下品な者には下等な霊が憑依し、病的な者には病的に異状な霊が憑依し、幼児性が強い者には幼児性が強いものが憑依する。〔異界のものが〕見える場合も、そのような眼鏡をもってしか見られない」のだ、と。

## 信　憑

ここまで述べてきたのは、大雑把に言えば、さまざまな憑きものにまつわる現象だった。何が憑いているかはともかくとして、人間や物がその影響を受けて変調をきたしているのを師範が見て取ったことが共通している。しかし、観の目が捉えるのは、そのような憑きものばかりではない。いわゆる幽霊の類もまた、機能が拡大された知覚の対象となる。

あるとき、後輩の恩師である先生が古民家を買ったというので、師範は後輩ともども見に行った。それは「草ぼうぼうの原っぱの先にあった」。そこにも「全体的に黒い霊気」があって「奈落への入口」が感じられ、師範はその物件について「先住者はきっと不幸な亡くなり方をしたにちがいない。いわゆる『いわくもの』の典型だ」と思ったという。しばらく歓談しているうちに暗くなったので、帰ろうということになり、先生は戸締まりにかかり、師範と後輩は外に出た。

すると、案の定、「草むらの二〇メートルほど先に、まさに怨念の炎に包まれた女性の幽霊が現れた。『これはすごい。仕方ない。消えてもらうぞ』と決断。九字密法の作法どおりにやり、無言の気合を飛ばしたら、すっと消えた。途端に、後輩がズボンのチャックを上げながら……草むらから出てきた。『ああ、嫌だ、嫌だ。見ちゃった、見ちゃった』と言う。『ははあ、幽霊を見たね。女の幽霊だったろう』。『うん』。……『心配するな。私が消した。それにしても、きみは……幽霊なんて見ないと思った』。『先輩がいたから見えたのだろう』」。そのような成り行きだったという。

またあるとき、師範は縁あって、ある映画会社の一室で試写を観ていた。「試写中に、私の斜め前に初老の男性が座っている。しかし、気がつくと、そこは通路で、椅子がない。幽霊なのだ」。しかし、「嫌な霊気が走らない」のが不思議だった。その後、場所をかえての関係者との酒宴に参加。宴もたけなわとなった頃、師範は関係者に対して次のように切り出した。

「つかぬことを伺います。もしかして、おたくのスタッフで、死んで今日通夜か葬式の人がいませんか」。いるというので、初老のこれこれこんな感じの人でしょうと訊くと、なぜ知っているのかと怪訝そうな面持ちをする。「じつは、その方が今日、試写室で私の斜め前で映像を観ておりました」と言うと、全員が「えーっ」と青くなった。師範は続けた。「心配しなくてもいいです。この方はほんとうに映画作りが好きだったのです。だから、自分が関与した作品を観たかっただけですよ。……よい出来だと客に褒められたと言ってあげてください」。

一般の人間は自分や他人に対する「何らかの思いがそれほど強くないから」、幽霊として出てきても「あまり恐れる必要もない」と師範は言う。「『お前は出てくるべきではない』と念じながら、首をいやいやのように振ってやれば、だいたい消える」とも。しかし、さきほどあげたような強い恨みを抱いているケースのほか、「生前に非常な凝縮力をもって仕事に打ち込み、不慮の事故で亡くなった場合は、可視の幽霊として出るもの、不可視の事象として出るものがある」そうである。

目に見えるかたちにならないのは、「怨念の対象となる人間がいな」い場合などだという。たとえば、師範の懇意にしていた不世出の刀匠（第四章で少しふれた）が鍛冶場で急逝したことがあった。師範は通夜に行き、亡骸の前で手を合わせた。すると、驚いたことに、「亡骸から念の風が吹いて来る」。師範は遺族に言った。「この人、まったく死ぬ予定ではなかったのですね。当分、出ますよ（幽霊などの事象）」。その後聞いたところでは、「しばらくの間は、夜になると仏壇ががたがたと動いた」という。

刀匠は、寒中に鍛冶場で水行をしていて、心臓が止まって倒れた。その水行にはシャワーを用いていたとのこと。余談だが、滝行や桶を用いた「水垢離（みずごり）」に比べてシャワーは危険らしい。「滝行は、落差があれば、水が表面張力により水滴化」し、それに打たれることになるし、水垢離は「当然、断続となるから……問題がないが、シャワーはほとんど連続的に熱交換し、急速に体熱を奪う」ため、「心臓に負担がかかる」からである。

ほかに、次のような、目に見えない幽霊らしき現象もあったという。師範によると、「ほとんど夜だが、見えない壁にぶつかり動けなくなった」、「背筋に熱線がびーんという感じで走り、金縛り状態になった」、「寝ていて、何者かに押さえられて動けなくなった」、「人の足音、原因不明の音や話し声が聞こえる」などを経験したという。一部は、REM睡眠と関係する睡眠麻痺という現象、また一部は入眠幻覚と呼ばれる現象である。

あるいは、こんなエピソードも。夫人と旅先のホテルに泊まった夜、ツインのベッドでそれぞれ休もうとしたのだが、「妻の顔を見るとおかしい。私はベッドを代わってもらった。驚いた。ベッドの一部にものすごい霊気が垂直に走っている」。つまり、「ベッドの一カ所に、縦に邪気の霊線が走って」いたのだ。「この上か下の部屋で誰かが自殺し、その霊気が走っていると判断。仕方ないから、その部分を避けて寝た」そうである。

## 個人的にして元型的な使命

ここまでに見てきたように、師範は異界との距離が近い。異界の扉が開けば、修練の賜物である観の目が、出現してくるものを捉える。出現してくるのは、異能者を介してコミュニケートする必要のある神仏だったり、師範自身の拡大された知覚機能を使って祓わなければならない邪霊だったりする。それらと相見えることは、ある意味、師範の仕事の一部と言ってよいのかもしれない。

それらは日常生活のなかに侵入してきて、自律的に活動する。師範自身の身の上に経験されるにせよ、他人の周囲に見出されるにせよ、独立した人格のようなものを備え、多かれ少なかれみずからの意志を有している。そして、幽霊は怨念や無念の念といった感情的色合いが鮮明であり、神仏の場合には、使命感、宿命感とでも言いたくなるような感情を強く喚起する。

これらの神霊は、一方では、古今東西、普遍的に語られてきた元型的な超越的存在の観念に通じるものである。それゆえにこそ、神話に登場するキャラクターの名前で呼ばれたり、憑きものや幽霊という古くからの概念的枠組みに含まれる存在として語られたりしている。もっとも、幽霊となると、お化けと呼ばれるものに比して集合性が薄れてはいるのだが。いずれにせよ、師範の生活史とは直接の関係がなく、本質的に遠い存在である。

他方、これらの神霊は、遠く隔てられた三人称的な元型の世界にとどまっていることなく、師範に直接コンタクトを求めてくる二人称的な存在として経験されている。くだんの特別行事の場に降臨する神々は、天上はるかな高天原に閉じこもってはおらず、ほかならぬ師範のもとを訪れる。憑きものや幽霊も、もともとは個人的なつながりなどないにもかかわらず、師範の前に親しく（？）姿を現している。

つまり、こうした神霊は、元型的にして個人的という特性を有している。何度も説明してきたように、ユング心理学においては、共通の感情的色彩を帯びた個人的および非個人的な表象やイメージがある元型的な核のまわりに集まって一かたまりになったものをコンプレックスと呼ぶ。つまり、師範は、こうした神霊とのコンタクトを通して、さまざまなコンプレックスと対峙してきたことになる。

これら多様なコンプレックスとの出会いは個々ばらばらの事象なのだろうか。あるいは、何か隠された目的でもあってそうなっているのだろうか。コンプレックスはそれぞれの規模に応じてみずからの意志や意識を持つわけだが、師範のもとに集まってきたこれらのコンプレックスは、感情的色彩についてはともかくとして、似通った意志や意識を伴っているのだろうか。

ひしひしと感じられるのは、隔てられた状態にあって伝えきれずにきたこと、伝え忘れていたことをなんとかして伝えたい、という強い意志である。つまり、そういった意志をはっきりと表出しうる隘路にありとあらゆるコンプレックスが殺到してきているのではなかろうか。幽霊においてはもちろんのこと、流祖や先師たちの姿勢からもそれが見て取れるし、神々についても同様である。

多くのコンプレックスは、意識に統合され解消されたいと願っているがゆえに、その自律性によってつねに意識の偏りに釘を刺し、必要なメッセージを受け入れさせようと試みている。師範が関わっている諸々のコンプレックスにおいてもその点に関しては同じなのだが、注目すべきは、表出されるメッセージの内容がきわめて特異な古流の伝承という営みにまでつながっていることである。

通常のコンプレックスに由来するメッセージは、個人が自分の意識にある程度まで受け入れて妥協できれば、それですむ。ところが、師範の場合は、そこにとどまるわけにはいかないのだ。古流の伝承という営みが、それ自体、集合的な含みを持っているからである。そこには、一定の元型的な内容を個人として引き受けて体現し、かたちを与えるという天命がある。

人類が長く受け継いでいかなければならない遺産のようなものを預かって管理し、次代に伝える役目。本来、それはすべての人間が少しずつ担うべき仕事なのだが、実際には、一部の傑出した能力の持ち主が大部分を背負わざるをえないことも多いと思われる。白龍や高御産霊神が師範を選んで託した仕事とは、そのような類のものではなかっただろうか。

遺産を預かって管理するといっても、受け取ったものをそのまま次に渡すだけでは足りない。だからこそ、誰もが役割を担えるわけではないのだ。選ばれた者として遺産を受け取ったなら、塵や埃を払い、無用な枝葉を切り落として、時間の経過のなかで損傷してしまった箇所を注意深く探し出して慎重に修復し、預かったときよりも純度を高めたうえで、別の選ばれた者に渡さなければならない。

その営みが、師範の現実のなかではいかなる実りをもたらし、異界ないし内界においてはどのような展開を生み出したか。最終章では、そこに光を当てながら、師範の個性化のプロセスにおいて天命が持っていた意味を見ていくことにしよう。

# 第九章　活殺自在

## 変容の真空状態

Q師範は、霊性を磨く行を含めて、心身を練り続けてきた。その第一のピークは、さる呼吸法メソッドでの成果を土台として滝行でなされた丹田形成の完成にあった。そして、第二のピークは、滝行の開始とほぼ同じ時期からはじまっておよそ五年間続いた異界との交感、つまりS先達を介した流祖や先師からの啓示の受信とその体現にあった。

およそ人の心身の変容は、漸進的なものと急進的なものとに分けられる。滝行が丹田形成を含む身体の礎づくりに最短の道であることは師範が得た結論の一つだったが、滝行ばかりでなく、憑霊現象を通して起きる変容もまた急進的なそれに該当する。というよりも、ゆっくりと生じるタイプの変容の枠のなかにおさまらない激しい変容の一部が憑霊というかたちをとって発動する、と考えるほうが実態に近いだろう。

異界との交感をめぐって起きたこの爆発的な変容は、現実の時空においてもさまざまな発展をもたらした。師範の率いる団体はその前後から急速に成長し、斯界において最多の門人を抱える大きな勢力になり、しかもその結束力の強さを誇っている。さらには、師範の属する流派と関連諸流派も、師範らのリーダーシップのもとで、その規模を着実に拡大させてきた。

ただし、当然ながら、よいことばかりではない。変容に伴う否定的な影響もある。とりわけ、変容が急激な場合には、困ったことが起きやすい。私たち、心理療法の専門家も、臨床においてはその点に細心の注意を払っている。変容は起きればよいというものではないのだ。速すぎる変容は、当の本人にとっても、周囲の人々にとっても、ときにきわめて破壊的なものとなる。

ユング（1997）は、このことについて、急激な変容が起きるとそこに真空状態が発生するという表現で警告を発している。ユングによると、急激な変容は瞬間移動に譬えられる。つまり、そのとき、その人は、ついさきほどまでいたところから瞬時に消えてしまうのだ。というのも、変容を遂げた瞬間にすっかり別の存在となって、いわばまったく異なる時空にいることになるからである。

そのため、その人がもといたところには真空状態が発生する。すると、あたりで様子を窺っていた悪魔たち、すなわち変容に対するさまざまな阻害要因や反動が、いっせいにその真空になだれ込んでくる。ユングは、釈迦と悪魔たちを例に、その状況を説明する。菩提樹の下で瞑想していて悟りを開いた釈迦は、もはやその瞬間にそこにはいなくなっており、誘惑しようと殺到してきた悪魔たちの目論見は空振りに終わった。それと同じだというのである。

ただし、「同じ」というのは悪魔たちの殺到についてであって、みごと空振りさせることができるかどうかは怪しい。変容を経験するときの瞬間移動は「死と再生」とも呼ばれる。つまり、問題を抱えていたそれまでの自分が死んで、それを払拭した新たな自分として生まれ変わるプロセスの謂いである。このプロセスにおいては、ふつう、その前半部分、つまり象徴的な「死」のところが非常に危ういと見られている。

ところが、ユングの意見は少しちがう。危険があるとすれば、それは「死」の位相にあるときよりも、むしろ「再生」の位相にあるときだというのである。ここのところで、真空に殺到してくる悪魔たちの譬えになるわけだが、私たちは、変容を遂げるといっても釈迦ほどの完全な質的変換には到らないので、多かれ少なかれ自分自身が引き寄せてしまった悪魔たちの餌食にならざるをえない。

変容には、そのような意味での犠牲が伴う。Q師範の場合も例外ではなかった。いや、「例外ではなかった」どころか、それまでの行で得られた成果が尋常ならざるものだっただけに、反動も桁外れに大きかったのである。ユングの指摘している、変容につきものの恐るべき影が、その後の師範を次々と、しかも非常に苛烈に襲うことになる。

流祖および先師たちからの伝授が極意まで一通り終わり、それまで続いていた異界との交感が間遠になってからまもなく、師範はひとりの弟子とのトラブルに巻き込まれた。差し障りがあるので詳細を述べるのは控えるが、師範によると、発端は弟子の一方的な「逆恨み」と彼に利用された者の「嫉妬」にあったそうである。この軋轢は、たくさんの関係者を巻き込んで、武術界を揺るがす醜聞（スキャンダル）へと発展した。

この醜聞にもとづく「いわれなき……バッシング」は終息するまでに相当な時間を要し、師範は、対処のために多大なエネルギーを費やすことを余儀なくされた。そして、少なからぬ人々とのつながりが失われた。家人も、事件に対する心労があってのことだろうか、その時期にひどく体調を崩し、師範にとっては「内憂外患」ともいうべき状況が続くことになる。

このときは、高御産霊神、市杵島姫との縁をはじめとする「神仏のご加護により」なんとかのりきったが、ことはそれで終わらなかった。数年後、S先達が重篤な病に冒されていることが判明。暫時の闘病ののちに他界してしまう。師範にとっては、単に盟友を失ったという事態ではない。流祖や先師たちから受け継いだものを伝えるべき二代目が初代に先んじて帰幽したことにより、伝承が不完全にならざるをえなくなったのだ。師範の傷心は深かった。

くわえて、ほぼ同時期に、師範自身にも厄介な病が見つかった。自覚症状もあって、うすうすわかってはいたが、師範は「もしものことを考えて、やるべきことはやっておこうと考え、東奔西走を続けた」。そのため、かなり病状が進んでから大きな手術を受けることになり、その他の治療も続けている間に体重が激減。余病も併発し、しばらく危機的な状況が続いた。

その後さいわいにも小康を得てからは、病院で定期的に状態をチェックしつつ、T師によるきめ細かい気功的治療を受けている。体力は、ある程度回復したとはいえ、やはり消耗が激しい。けれども、そこはさすがにQ

師範である。今なお、日々、自身の主宰する各地の道場をめぐって熱い指導を行なっている。そのための「車の走行距離は約五〇〇キロメートル／週」。みずからハンドルを握って高速道路を爆走中である。

## 古武術のパラドックス

以上のように、Q師範による霊性修行においては、真の武人なればこそ得られたものが多い一方、犠牲に供されなければならなかったものもけっして少なくはなかった。師範の生涯をかけたこうした試みには、はたしていかなる意味があったのだろうか。ユング派の深層心理学的な見地から検討してみたい。

前にも記したように、ユング派では、ものごとの目的性を重視する。師範のたどったプロセスの目的は何だったかを考えてみよう。結論から述べれば、トラウマの発展的解消ということになる。すでに第七章でその一端にはふれておいた。なお、厳密な意味でのトラウマは、生命の維持そのものに関わるような深刻な事態にさらされることで発生する心の傷を指すが、ここで「トラウマ」と呼んでいるのはもっと広い意味でのそれである。

トラウマとなると過去も見ないわけにもいかないので、まずは少しだけ因果性に目を向けておこう。目的を考えるためにである。師範の抱えていたトラウマとは何だったか。それには個人的な側面と元型的な側面があった。これは前にもふれたが、個人的なトラウマの源泉としては、乳幼児期に両親との直接的な接触が乏しかったこと、少年時代の父親との死別とそれによる生活の激変、戦争にまつわるさまざまな体験、たとえば疎開先での厳しい人間関係などがあげられるだろう。

むろん、それだけではない。戦後間もないすさんだ町でのサバイバル生活から来る圧力なども大きかったはずである。そうしたことの影響は、若き日の師範が生の意味を見出せずに何度も自殺を図ろうとしたという事実、あるいは夜の街に入り浸って身上を潰したという事実だけを見ても容易に感じ取れる。ただし、時代性や原家族の社会的ステータスなどを考慮すれば、個人的なトラウマを重く見ることは慎むべきかもしれない。

ならば、トラウマの元型的な側面についてはどうか。この点に思いをめぐらせると、武術というものの存在がクローズアップされてくる。若き日の師範にとって、武術は強烈な魅惑を持っていた。生の方向性が見つからずにあてどなく彷徨っていたなかでの出会いだったことからすると、むろんトラウマの個人的な側面ともつながっていたのだろう。しかしながら、その邂逅がもたらしたヌミノースムとも呼ぶべき経験は、有無を言わせぬ元型的な力がそこに働いていたことを示している。

その元型的な力はトラウマと関係があったのだろうか。私はあったと思う。武術は、トラウマをめぐる、巧妙なパラドックスを隠し持っているからである。パラドックスの一つは、武術が本質的に殺傷術であることに由来する。武術は心身にトラウマを負わせる技術である。かつては、武術に関わりを持っていれば、合戦や果たし合いで傷を負った。今なら、稽古や試合において傷を負う。人が武術を続けるには、あるいは武術そのものが存続するには、道場に傷を癒す技術も伝わっている必要があった。

ここに不思議なパラドックスがある。武術は人を傷つけるものでありながら、同時に人を癒すものでなければならない。その象徴的な現れを一つあげるとしたら、武術における人体の急所の使い方がある。急所とはツボの一種であり、人体には多数存在する。そうした急所を攻撃すれば殺法になる。しかし、同じ急所でも、癒しのために使えば、一転して活法となるのである。

心の面に関しても似たようなことが言える。戦場で傷ついて帰ってきた門弟がいるとしよう。そうなると、怪我の手当てのみならず、彼の抱いている恐怖心を和らげてさらなる修練に励むようにさせる必要が出てくるが、かつてはそれもまた師匠たる者のなすべき仕事の一つだった。武術の師匠は殺傷術さえ教えていればよいわけではなかったのだ。現代ふうに言うならセラピストでもあったのである。

それだけではない。武術には、トラウマの元型的な側面にまつわるパラドックスがもう一つある。それは、武術が、より正確に言うなら古武術が、あらかじめ失われたかたちで存在していることと関係がある。ある流派がたとえば何百年もの伝統を有しており、古伝を連綿として受け継いでいることになっていても、実際には少し差し引いて考えなければならない。失われている部分が少なくないからである。

どの流派の古伝においても、今に伝わっているものは、おそらく何百年も前のかたちそのままではない。長い時間の経過のなかで失伝してしまった部分がまちがいなくあるだろう。伝承に携わってきた者の技量の問題もあるし、傍流が存続して主流が途絶えるような場合もあるから、ある程度は仕方がない。しかし、それとは別の問題として、古武術には、省略、付加、装飾などが間断なく行なわれている実態があるのである。

本来ならば、古流の伝承においては、何も足さず何も引かないというのが正しいはずである。とはいえ、それでは形骸化して、活力がなくなってしまう。活性化のために変化が求められるのもわからないではない。それに、時の流れとともに生活様式や日常の体遣いが変わってくるから、同じものを守っていくだけでも工夫が必要となる。はたまた、先人を超えたいという気概が仇となって、独善的な改変がなされることもあるだろう。

私が稽古しているいくつかの武術においても、「古伝」「古流」であるはずが、数十年前と比べても変わったところがあれこれあると聞く。実際、自分で目の当たりにした変化もある。数十数年どころか、わずかな年月でもそういうことは起きる。十人十色というのは武術の世界でも同じで、一〇人、二〇人の師匠がいれば、それぞれが弟子にわずかながらも異なることを教えていることだろう。それが代々積み重ねられていくのだ。

同じ師匠についていた弟子たちの間でも、それがどの年代だったかによって教わる内容にちがいが出てくる。師匠も、齢を重ねるにしたがって、円熟してくるところや衰えてくるところがあるから、おのずと動きは変わってくるはずで、伝承に差が出るのはやむをえない。武術の世界では師匠が絶対である。師匠が「こうせよ」「これでよい」と言うならば、内容のいかんにかかわらず、弟子は黙って頷くだろう。

考えれば考えるほど、いったいどこまでがほんとうの古伝なのかわからなくなってしまう。極論すれば、「ほんとうの古伝」などないのかもしれない。何百年もの時間を経ているなら、もとの面影がどれほど残っているのか定かではない。さきほど「武術があらかじめ失われたかたちで存在している」と述べたが、それはこのような意味においてである。武術はトラウマを負っている。本源から遠く隔てられているのだ。

## トリックスターの魔法

以上が武術にまつわるトラウマの元型的な側面である。ここで、もう少し、一般的なトラウマの話をしておこう。トラウマは経験の諸相を変質させる。この変質がいかにして生じるかについてはユング派の立場からもいろいろな説明がなされているが、その一つに、トリックスターの魔法(トリック)というのがある（Kalsched 1996、Salman 1986）。今から説明するように、トリックスターの概念は霊能や霊性修行とも強い関連があるので、本書における議論にフィットすると思う。ここでふれておきたい。

トリックスターは元型の一つ。その像は、誰の心のなかにも存在している変幻自在のトリック使いで、人をだます名人である。「名人」といっても、人間の姿をしているとはかぎらず、神話には獣として出てくることもあるし、神として登場することもある。神出鬼没で正体不明のことも多い。アメリカ原住民神話のコヨーテ、ギリシア神話のヘルメス、北欧神話のロキなどがよく知られている。わが国の神話における素盞嗚(すさのを)も、八岐大蛇(やまたのをろち)を酒で泥酔させて退治したことなどからその一例とされる（河合・湯浅・吉田 1983、老松 1999）。

トリックというと聞こえが悪いが、トリックスターのそれは、素朴な悪戯、善意の嘘から世界を混乱に陥れる策謀まで、その内容と質はバリエーションに富み、よきトリックも使うのだ。程度が低い場合は、ただ本人がまわりの混乱を楽しんでいたり罰を受けたりするだけの幼稚なものだが、高度になると、世界の旧習を根底から破壊して結果的に秩序の転倒や更新をもたらす。英雄として機能する可能性も秘めている。

ユング（1954c）はトリックスターについて次のように述べている。ユング心理学になじみの薄い読者にはちょっとわかりにくいかもしれないが、さまざまな特徴を網羅的に記してあるので、いちおう押さえておこう。要所はおいおい説明する。

このような転倒をもたらす〔トリックスターの〕両面性はまた、悪魔を「神のサル」として描いたり、民間伝説のなかでは、「だまされる」、「間抜け」な悪魔として性格づけたりする点に存在している。典型的ないたずらのモチーフの特異な結合が、錬金術におけるメルクリウスの像に見られる。すなわち、彼のだまし癖、時に陽気に時に悪意のある（毒性の！）いたずら好み、変身する能力、半獣半神の二面性、あらゆる拷問にさらされるものとしての存在、そして——最後になったが決して軽んずることのできないこととして——救世主の像との近似、が見られる。これらの特性は、メルクリウスをギリシアのヘルメースよりもなお古い、原始時代から復活したデーモンのように思わせる。彼のいたずら好きは、民間伝説の人物や、おとぎ話でよく知られている主人公たちと関係している。それは「おろかもの」、「おろかなハンス」、「ハンスブルスト」などであるが、ハンスブルストは一種の陰の英雄であり、他人がどんなに努力してもやれないことを、そのおろかさによってやり遂げるのである。グリムの童話（九九話。「ガラスびんの中の化け物」）では、「メルクリウスの精」は百姓の若者に瞞着されて、傷を直す力をもった高価な贈物を与えて、自由を買いとらねばならなかった（河合隼雄訳）。

トリックスターには、善なる側面と悪なる側面の二重性、あるいは狡猾な側面と愚かな側面の二重性が備わっている。トリックスターは変容に不可欠な秘薬とさえ言えるのだが、同時に毒でもあり、邪悪で狡猾な側面とうまくつきあうのは非常に難しい。そもそも、その神出鬼没さゆえ、必要なときにはなかなか出会えない。にもかかわらず、思いがけないところでバッタリ出くわしたりもする（図9）。

図9　ユングが刻んだトリックスター像（Jaffé 1977より）

ところで、ユングの言葉のなかに、「あらゆる拷問にさらされるものとしての存在」という箇所があった。ここにトリックスターとトラウマのひそかなつながりを見て取ることができる。みずからの死を垣間見るような苛烈な個人的経験もしくは集合的経験は、トリックスター元型を活性化する。その結果、一方ではトラウマ関連コンプレックスの疎隔による解離や多重人格が引き起こされ、他方ではそれを癒す呪術師や救済者の役割を生きる者を生み出す。

だからこそ、トリックスターとしての「メルクリウスの精」は「傷を直(ママ)す力」を隠し持っているのである（Jung 1948）。なお、グリムの「ガラスびんの中の化け物」では、強大な力を持つメルクリウスの精が（ユング（1948）によれば、かつての知恵ある錬金術師によって）ガラス瓶のなかに閉じ込められており、通りかかった若者に瓶から出してもらうかわりに万能の秘薬を与える約束をしたのだった。

ユング（1954c）はそうした点を、憑きものなどの超心理学的現象や呪術師の養成と絡めて、さらに詳しく、次のように説明している。Q師範の経験と多少とも重なる部分があることに注目してほしい。

すべての神話的な人物像は、内的な経験と対応し、もともとそれから生じてきたのであるから、超心理学の領域における現象が、トリックスターの様相を提示しても、別に驚くべきことではない。それはポルターガイストの現象で、思春期前期の子供たちの周囲に時と場所とを問わず生じるものである。これらポルターガイストのいたずらや悪事は、その知性の低さや、その「コミュニケーション」の馬鹿さ加減と同様によく知られている。変身の能力もまたポルターガイストの特性のひとつである、というのも、それが動物の形であったという報告が少なくないからである。それは時に、自分自身を地獄に住む魂と述べているので、主観的な苦しみのモチーフも存在していると思われる。その普遍的な分布はシャーマニズムと同じ拡がりをもっているが、シャーマニズムはよく知られているとおり、心霊術のすべての現象記述がそれに属している。シャーマンや呪医たちの特性は、どこかトリックスター的なところがある。それは、彼もまた人々にいたずらをして、傷つけた人々の復讐をうけるからである。このために、彼の職業は時として生命の危険をかけたものとなる。その上、シャーマン的な技術は、しばしば呪医に、たとえ直接的な痛みでないにしても、かなりの苦しみを与える。いずれにしろ、「呪医をつくること」は世界の多くの場所で、肉体的、精神的な苦痛を意味し、それによって永続的な心の痛みを来たすことになる。「救世主との近似」は明らかにその結果であり、傷ついたものが癒し、悩めるものが悩みを取り去るという神話的な真実を確証するのである（河合訳）。

トリックスターの概念が霊能や霊性修行と密接につながっていることがわかると思う。そして、傷ついた者を救うのは、傷つきを経て生み出された呪医であるということも。ユング派では、傷ついた治療者（ヒーラー）という概念がたいせつにされている（Sedgwick 1994）。セラピストは、自分自身が傷を負って癒された経験を持つ者でなければならない、という意味である。そうでなければクライエントの傷を癒すことはできない。

## 経験の変質

隔てられたものは、強い被害／迫害や不安の色合いを帯びたコンプレックスを形成している。コンプレックスには自律性があるので、当然ながら、本来の居場所に戻ることを要求する。そして、何かの拍子に魔法が緩めば、間髪を入れずにベールの向こうから姿を見せようとする。自我はその気配にさらされ続け、つねに背後からの不気味な眼差しを感じながら過ごさざるをえない。トリックスターの魔法のベールは、トリックスター自身と同様、両義的なものとして立ち現れるのだ。

かつてのトラウマ体験によって脅かされる日常は、自我にさまざまの解離的な性質を帯びさせる（柴山 2017）。それらは言うまでもなく病理的な状態なのだが、かたちのうえではQ師範の体験と似通っているところもあるので、その一部を説明しておきたい。ただし、前にも述べたように、いかなる症状も、生理的な範囲内にとどまっている間は建設的な意義を持つ。つまり、未然の症状は本来的に役立つものとして存在するのだ。どう役立ちそうかを考えながら以下を読んでほしい。

たとえば、ベールの向こうからこちらに向けられている眼差しに過敏になると、自分の背後や自分のいる空間の片隅に何者かがいる気配をきわめてリアルに感知して怯え、たびたび振り向いて確かめなければ気がすまなくなることがある。精神病理学的には、そのようにして察知されるリアルな気配を実体的意識性と呼ぶ。

ときには、眼差しを向ける／向けられるという立場、見る／見られるという立場が逆転することもある。つまり、意識が一時的にふだんの居場所を離れ、（いつもとても気になっている）彼方にあるはずの眼差しのほうに同一化してしまうのである。ふと気がつくと、一定の距離をおいて客体としての自分を眺めている。いわゆる体外離脱体験である。これは夢のなかで起きることも多い。

夢における体外離脱体験は、文字どおりの幽体離脱的な内容になることもあるが、表象幻視型と呼ばれる夢体験のかたちをとることもある（柴山 2017）。あたかも映画や舞台を見ている観客であるかのように、自分の夢を第三者的に体験することをいう。体外離脱体験は、覚醒しているときにも生じうる。とくに、不意に何らかの危機的な状況に遭遇した場合などに生じやすい。

ただならぬ気配に対して緊張の高い状況が続くと、通常の五感の機能範囲を超えた知覚、すなわち超感覚的知覚（ＥＳＰ）も出現するようになる。肉眼では見えないものが見え、耳では聞こえない音や声が聞こえる。そして、こうした五感を超えた五感のなかに、さまざまなメッセージや意味が感じられたり、読み取られたりするのである。武術的な面では、殺気や殺意の感知などにもつながる能力となりうるだろう。

共感覚が出現することもある。共感覚とは、ある感覚刺激によって、その本来の領域とは異なる別種の感覚を生じる経験をいう。つまり、ある音を聞いたら色を感じる、ある物に触ったら何かの情景が見えてくる、といった経験である。五感がそれぞれに分かれる前の未分化な状態に由来すると考えられており、発達障害やてんかんの人に比較的多いが、トラウマを抱えている場合にも五感の発達が影響を受けて共感覚が生じることがある。

さらに、自我のもう一つの特徴的な性質として、ファンタジー傾向があげられる（柴山 2017）。トラウマ関連のコンプレックスが疎隔されてできた心の空隙は、深刻な事態とは裏腹の多様なファンタジーで埋められていく。しかも、それらのファンタジーは、五感を超えた五感の鋭敏さと相俟って、非常に高度な知覚性を帯びている。それゆえ、ファンタジーの世界はじつにありありと感じられ、現実の経験とほとんど区別がつかない。いや、そのようなファンタジーは、現実（リアリティ）以上のリアリティを有していると言ってよい。それゆえ、ときには、啓示としての性格すら帯びてくる。層をなして重なる複数の現実のなかで生きることは、魔法のなかで生きることに等しい。したがって、トラウマを抱える自我に見られるかくのごとき状態も、やはりトリックスターによる魔法の一部と考えてよいかもしれない。

はじめのうち、自我は、自分のまわりに魔法がかかっていることを知らないことが多い。たいていは、トリックスターの存在もよくは知らない。気がついたらすでに何者かによって保護されている状況、とでも言えばよいだろうか。それほどに衝撃的なトラウマ体験があったからこそそのことである。しかし、そのうち、自我が魔法のベールとトリックスターの存在を知るときが来る。

つまり、最前も述べたとおり、魔法があっても、ときおりベールの向こうにコンプレックスが蠢いているのが見えることがあって、自我はそれに対処しなければならなくなるのである。コンプレックスの蠢きを垣間見て動揺する自我に対して、はじめに魔法をかけた、いわば姿なきトリックスターが、そっと耳もとで囁く。このまま自分といれば心配はいらない、と。

なるほど、不安定な安定ならある。かろうじて生きながらえるだけなら、できるかもしれない。囁きを聞いた自我はみずからにそう言い聞かせる。そのようにして、なおもしばらくの間、魔法のかかった世界は維持されるのである。しかし、そう長くは続かない。あるとき、それでも、その不安定な安定を決定的に破ろうとする者が目の前に現れることになる（Kalsched 1996）。

## 験比べ

興味深いことに、この均衡の破壊者もまた、しばしばトリックスターとして登場してくる（Kalsched 1996）。つまり、それまでの保護的だが幽閉的でもあるトリックスターとは別のトリックスターである。両者は対決を繰り広げることになる。その験比べは、自我の争奪戦といった様相を呈す。もともとのトリックスターが優勢なら変化は生じない。一方、新たなトリックスターが知恵に満ちていれば、自我は、これまでの不安定な安定を捨てるかどうか難しい選択を迫られる。

もちろん、力が拮抗していることもある。その場合、ときにおもしろいことが起きる。トリックスターには両義性があって、捉えどころのない不可解さが人を混乱に巻き込むのだが、その極端な例の一つとして、みずからの滅びを演出して見せるということがあるのだ。狡猾で用意周到、抜け目のないトリックスターは、そのプロットのなかに自分自身を否応なく破滅に追い込むような仕掛けをこっそり組み込んでいる。

その現れは、ちょっとした失策行為だったり、いきなりの暴走や爆発だったり、あえてさらけ出して見せる隙だったりする。新旧のトリックスターの験比べは熾烈なものになるのが常だが、闘争を繰り返しているうちに、あとから現れたほうが勝利をおさめるときが来るかもしれない。古参のトリックスターは、自分が新参者に取って代わられるよう、みごとなお膳立てをするからである。

じつは、新旧のトリックスターは必ずしも別々の存在ではない。同一の元型の対立し合う二つの側面と見なすこともできる。矛盾をその本質とするトリックスターは、一方で自我を幽閉して保護しながら、他方でそこから解放しようともするのである。その行動は理屈で説明することができない。ときとして、首尾一貫しない離れ業もやってのける。

ユングは、前に引用した箇所で、ポルターガイストを低級なものと見ていたし、別の箇所でも「トリックスターは……子供っぽい劣等な性格を示す一種の第二人格を示している。この劣等人格は心霊術の集まりで話したいと申し出たり、『ポルターガイスト』の特徴である子供っぽい現象を引き起こすような人格に似ている」(Jung 1954c）と言う。しかし、トリックスターのヌミノースムに満ちた救済者的な性格についても明確に指摘している（Jung 1954c)。

このトリックスターの理解し難い性質は何に由来するのだろうか。一言で言えば、その極度の無意識性による。そこには、意識の特質の一つである一貫した方向性というものがない。その微妙な様相をユング（1954c）はこう語る。

彼は救世主の先駆者であり、救世主のように神であり、人間であり、動物である。彼は人間以下でも以上でもあり、半神半獣的存在であり、彼の主な驚くべき特徴は、無意識である。そのために、彼は彼の（明らかに人間の）仲間から見棄てられるが、それは仲間の意識水準からの落ち込みを示唆しているのであろう。彼は自身について余りにも無意識であるので、統一性がなく、彼の二本の手は互いに争う。（河合訳）

このような意味で、トリックスターは、きわめて未分化かつ原始的な衝動にも似た活動を見せる。わが国の神話における例として素盞鳴（すさのを）をあげておいたが、彼がそう見なされるのは、中つ国において酒を飲ませるトリックにより怪物から生贄を救出したからというばかりでなく、その前に高天原で大暴れしてみずからを窮地に追い込み追放されて（させて）いるからでもある。

すでに説明したとおり、また素盞鳴の例からもわかるように、トリックスターは幼児的な劣等性を有していながら、神的な優越性も併せ持つ。その両面性の複雑さについてもユング（1954c）は指摘している。

トリックスターは「宇宙的」存在で、半神半獣の性質をもち、その超人的特性の故に人間より優れており、他方ではその愚かさと無意識の故に人間より劣っている。彼はまた動物と比べると、著しい本能の不足と不器用さのために劣ることになる。これらの欠陥が彼の人間的性質のしるしであり、それは環境条件に動物よりも適応しないが、その代りに、ずっと高い意識の発展への期待、すなわち、かなりの好学心をそなえており、それは神話を通じて相当に強調されている。（河合訳）

その劣等性と優越性を通して世界は変わる。トリックスターは変容の秘薬。破壊と再建の秘密、生と死の秘密を知っている。ユング（1942, 1944, 1946, 1948, 1954a, 1954b, 1955/1956）は、錬金術が、人の心理学的な変容プロセスを物質の化学的な変容プロセスに投影したものであることを発見し、その研究にもとづいて、個性化のプロセスの成否の鍵を握っているのがメルクリウスなるトリックスターであることを指摘した。前々節ですでに引用したとおりである。

肝心なのは、その尻尾を一時的にでも捕まえることができるかどうかである。チャンスは、両面性を持つトリックスターがみずから魔法のベールを取り替えようとするときに訪れる。自我にとっては、慣れ親しんだ環境を捨て去ることになるのでつらいのだが、決断ができれば、新来のトリックスターが古いそれに取って代わる。状況は多少とも安定度の増したものになるだろう。

しかし、トリックスターの交代が繰り返されるだけなら、いつまでも魔法のなかのままではないか。少々内容が変わったとしても、トリックにかかっていることに変わりないではないか。そういった疑問が湧いてくる。そのとおりである。しかし、それでも、変容は生じている。多くの場合、トリックは良質のものに移行していく。よきトリックなら、シャーマンや呪医でなくとも、生きていくうえであれこれの創造的な使い途がある。

## 別離の悲しみ

ユング(1954c)が指摘していたように、傷ついた者はトリックスターによって救われる。激しい苦痛を伴うトラウマがあると、活性化されたトリックスターがどこからともなく現れて魔法のベールをかける、あるいはかけ替えるのだ。それは、内界に存在する心像であることもあれば、そうした心像を担いうる外界の具体的な人物であることもある。いずれにせよ、重要なのは、トラウマが疼くとき、人の心は内的、外的にそのような動きを経験する決まりになっている、ということである。

さて、トリックスターは、Q師範のためにいかなる魔法を用意しただろうか。これまでに述べてきたことをもとにまとめてみよう。一つの仕掛けとしてわかりやすいのは、例の先祖たち、つまり落ち武者と一八代前の下級武士にまつわるエピソードかもしれない。あのエピソードを告げたのは、新来のトリックスター像を担う者のひとりである女性異能者だった。

そのとき、ベールの向こうから現れた観音がトラウマの物語を開示した。師範の先祖が登場することから考えると、そこで明かされたトラウマには、どちらかと言うと個人的な色彩がある。注目すべきは、異能者に憑依した観音自身が、のっぴきならない事情で傷を負った観音の存在を師範に意識化させたことである。これは師範にとってきわめて重大な意味を持っていた。

すなわち、かつて、姿なきトリックスターの魔法によって、鬼神力と観音力が切り離され、別々のコンプレックスとしてベールの向こうに遠ざけられたことがわかったのである。師範には、このとき、その分断を癒して自我に取り込み、自身の全体性を回復させなければならないという使命が突きつけられた。この使命を受け入れて、旧来の姿なきトリックスターとの蜜月に終止符を打つのかどうか。難しい選択を迫られたのである。

そして、ほぼ同時期に、もうひとり、新来のトリックスター像を担いうる存在としてS先達が現れた。S先達は、おもに鬼神力コンプレックスを代表する流祖と師範との仲立ちとなり、女性異能者が示したところよりもいっそう元型的な領域での作業に意識を向けさせることになる。つまり、流派ないしは武術そのものが負っている超個人的なトラウマを癒して全体性を回復させるよう、Q師範に促すとともに強力に援助したのだった。

ここで必要とされたのが行だった。行が命がけであることは言うまでもない。行者は生死の間（あわい）で危険にさらされる。行は、そのトラウマ惹起性を通して、トリックスターを引き寄せる。新たなトリックスターを召喚するための儀式となる。それゆえにこそ、S先達は、はじめは師範の弟子だったにもかかわらず、トリックスターの役割を引き受けることになったのである。

行に儀式は不可欠である。儀式とは、意識的に行なう象徴的な行為をいう。儀式があれば、元型的なものの持つ強大な力はやわらげられ、自我のほうからも働きかけることが可能になる。元型的なものと比較的安全に接触できるのである（Johnson 1986）。元型的な武術コンプレックスの一部である流祖や先師たちは、S先達の司る儀式なしにはその圧倒的な力が減じられず、人間レベルで交流することなど不可能だったはずである。

女性異能者とS先達の意図せざるコラボレーションによって、鬼神力と観音力の再合一という使命は、比較的個人的な性格を持つ仕事から、元型的な次元での仕事へと一気に深まることになった。こうなったら、新来のトリックスターを信頼してみるしかない。両者が立て続けに師範の前に現れたことは、偶然といえば偶然だが、ユング心理学的な立場からは共時的な現象と考えられる。意味深い偶然の一致である。二つの出会いのどちらか一方が欠けていたら、偉業は成し遂げられなかっただろう。

因果の法則を超えて共時性の原理が働くとき、霊性への新たな扉が開かれる（老松 2016b）。ここでは、ふたりの役割の大きな部分を占めていたのが神霊の依代となることだった点が注目される。ユング（1954c）は、シャーマン的な人物が、自然発生的ないしは人為的なトラウマによるイニシエーションを経て生まれ、憑霊や脱魂を通じて他者のトラウマを癒すのを生業とするようになることを指摘していた。これらの諸要素はもともと相互に近しい。

ユング派の臨床の現場には、強い霊感を持つクライエントがやってくることがわりあい多い。そのようなクライエントは、主訴が何であれ、ほぼ例外なく（自然発生的ないしは人為的な）トラウマを抱えている。ところが、興味深いことに、彼ら／彼女らの一部は自分自身を癒しながらそれと共生していく術を身につけている。何らかの宗教的営みやヒーリング関連の仕事をしていたりもする。トラウマと付き合っていく方法、あるいはトラウマを活かしていく方法を教えることができるからである。かの女性異能者やS先達にもそういうところがあったのかもしれない。

こうしてコンプレックスは回帰してくる。鬼神力としての側面と観音力としての側面の再合一を目指して、武術という類心的な舞台へ。そこでの折衝は困難を極めたものの、流祖や先師たちから全伝を吸収し欠けていたところを補うことが、武術の元型的なトラウマの癒しにつながった。流派内では鬼神のごときイメージで伝えられてきた流祖が「イケメン」で人間味あふれる人柄の持ち主として経験されるようになったことなどは、まさしくその一環である。

かつて気づかぬうちに魔法をかけたトリックスターとの関係を解消し、新たなトリックスターとの関係の構築へ。全体性の実現を目指すこの移行のプロセスにおいて、Ｑ師範の経験は、個人的トラウマの解消という域をはるかに超えて、普遍的な意義を獲得することになる。トランスパーソナルな質を備えたものになったのである。

古いトリックスターから新たなトリックスターへの移行は、前者との別離や関連するコンプレックスの変貌に伴う深い悲しみを自我にもたらす。しかし、それは自我による意識的な選択の結果であり、責任を負うべき産みの苦しみである。流祖の浄化が進んだことによる天界への上昇は、師範にとって、思い出せばいまだに落涙せずにはいられないほどの悲哀を喚起するという。しかし、その別離は、流祖の姿をとって現れたコンプレックスをついに重い軛から解放した成果にほかならない。

# おわりに——similia similibus curantur

## 現実以上の現実

本書では、Q師範の長きにわたる道程をたどりながら、真摯な武術の追究が個性化のプロセスを促進するさまを見てきた。その追究が身体的な修練はもとより、霊的な行も含んでおり、身体、心、霊という人間の生のすべての側面についての全体性の実現を目的としていたことから、それはわかる。師範のおかげで、私たちは、そうした試みの具体的な様相を知ることができた。

師範の武術の追究は、長らく分断され隔てられてきたコンプレックスとの折衝を通して、個人的ならびに元型的なトラウマを少しずつ癒していく作業にほかならなかった。その作業のなかで個性化のプロセスは進展した。そこにはトリックスターが布置されており、みごとなよきトリックを仕掛けることによって、気難しいコンプレックスとの厳しい折衝を円滑に進ませる媒介的役割をはたしていた。

むろん、ここで知りえたことをただちには一般化しにくい。特殊な条件がいくつかあったからである。たとえば、師範の境位がもともと稀有なものだったことなどもその一つ。それゆえ、一定の留保は必要である。しかし、それでも、このようなケースが厳然として存在するということの価値は大きい。そこには、トラウマや関連するコンプレックスの解消につながる普遍的な知恵が必ずや含まれているはずだからである。

ユング（1971/1987）は、最晩年に書いた自伝の冒頭で、自身の生涯について「私の一生は、無意識の自己実現の物語である」と述べた。彼の語った彼自身の生涯は、その焦点にしても展開にしても非常に風変わりなもので、おそらくほかの誰のケースとも似ていない。にもかかわらず、読者は、自分の抱えている生の葛藤との向き合い方がそこにたしかに描き出されていることに気がつく。

同じことがQ師範の霊性修行の記録についても言える。たった一つの事例にすぎないにもかかわらず、元型的な経験が満ち満ちており、けっして個人の一回的なエピソードというにとどまらない。神話やおとぎ話を読むたびに、一度だけだったはずのできごとが再び新鮮に生き直されるのと同じく、師範の経験は、例を見ないものでありながら豊かな普遍性を備えている。それは現代における神話である。

師範は滝行などに打ち込んだが、ユングはアクティヴ・イマジネーションをみずからの行とした。その徹底ぶりたるや、一過性の狂気に陥るほど凄まじいものだった。彼はイマジネーションを長年にわたって続け、印象的な数々の場面を特殊技法による美しい絵とカリグラフィーによる文章でまとめて、革張りの古書のような装丁を施している。『赤の書』である（Jung 2009）。ユングにとって、このイマジネーションの記録は、以後何百年にもわたって啓示的な価値を保ち続けるはずの独自の聖書、新しい普遍の書だった（Jung 1997）。

同じ徹底ぶりが師範にもある。流祖や先師たちとの交感は、現実と同等のリアリティを備えたイマジネーションと見なしうる。前にも説明したように、ここでの「イマジネーション」はただの空想のことではない。いにしえの錬金術師が言う「真正にして空想にあらざるイマジネーション」である（Franz 1981）。意識と無意識の交流や折衝によってかたちをなすイマジネーションの経験は、より本質的で、より根源的な現実を構成する。

真正のイマジネーションは、じつのところ、現実以上の現実というカテゴリーに属している。ふつうの現実のほうがむしろ皮相的でかりそめなものと感じられてしまうような現実である。ユング派的な言い方で言えば、深層の現実となるだろう。自我にとって、表層の現実や意識はもちろんたいせつだが、深層の現実や無意識との風通しが良好でなければお話にならないし、それらによってしっかり支えられていないといけない。

真正のイマジネーションは普遍的な真理に直結している。前にも少しふれたが、集合的無意識は個人に属するものではない。個人の心のなかにあるように見えるとしても、その内部空間は外に向けて開放されている。流祖や先師はQ師範という個人の内部に由来するのか外部に由来するのか、と問うことはほとんど意味をなさない。深層の現実を含む真正の経験とはそういうものである。

## 普遍的な知恵

　では、師範の経験には、どのような普遍的な知恵が含まれているだろうか。深層心理学的な立場から見た場合、たとえば次のようなことが示唆される。すなわち、個人的なトラウマが、活性化された元型的なトラウマに吸収されうること。後者を癒すことによって前者も癒されうること。トラウマに対しては類心的な領域での扱いが有効であること。そこではトリックスターの助けが不可欠であること、などである。

　類心的領域といえば、近年、臨床の現場でトラウマの治療に身体系の技法が多用されるようになりつつある。トラウマへの身体系技法は、F・シャピロ（1995/2001）の眼球運動による脱感作法と再処理法（EMDR）を嚆矢とするが、その後、R・キャラハン（2000）の思考場療法、P・A・ラヴィーン（1997, 2010）のソマティック・エクスペリエンシング、D・バーセリ（2008）のトラウマ解放エクササイズ、P・オグデンら（2006）のセンサリーモーター・サイコセラピー、D・グランド（2013）のブレインスポッティングなど、新たな技法が続々と提唱されている。ただし、それらの有効性に対する一元的な説明はいまだ存在しない。それもあって、これらは、あたかもよきトリックであるかのように感じられる。

　Q師範の経験から得られた知恵も、場合によっては、トラウマへの身体系技法の一つに発展しうるかもしれない。ただし、質的にはかなりちがう。武術がトラウマを生み出すものであるがゆえにトラウマを癒す働きも持っているとするならば、ここにあるのは、武術によるトラウマの同種療法（ホメオパチー）とでも言うべきユニークなアプローチだからである。

似たものが似たものを癒す――これは異種療法(アロパチー)を身上とする近代医学が忘れてしまった原理であり、いにしえの時代からの真理である。少し前に、傷ついた治療者が持っている癒しの力という、ユング派の深層心理学的治療に関する重要な観点を紹介しておいたが、ここでそれをもう一度思い出してもらうとよいかもしれない。

上に羅列した身体系諸技法に比べれば、武術のポテンシャルを利用するアプローチは複雑で、時間も必要とする。しかし、比類のない価値を持っている。なぜなら、他の諸技法とちがって、トラウマの癒しにつながる理由が深層心理学的に理解可能だからである。また、他の諸技法が基本的にトラウマの除去だけを目指すのに対して、このアプローチはトラウマの目的性を考慮に入れており、個性化のプロセスに寄与しうることも見逃せない。

もちろん、臨床で活用するには、解明しておかなければならない課題が数多くある。たとえば、武術という営みのなかのどの要素が治療的に重要なのか、武術家でない一般の人たちに応用するにはいかなる工夫が必要か、年齢や性別や身体能力のちがいを越えて適用していくために本質的なことは何か、等々。しかし、それでも、師範の経験から大きなヒントが得られたことはまちがいない。

師範は、誰も知る者のいない極意の身体運用を獲得するとともに、武術の負っているトラウマを癒した。その後、後継者を失ったり、みずからも病を得たり、といったつらい経験も多々あったが、それらは今や、ただの望まれざるできごとではない。単純な否定的意味づけをとっくに、そして静かに超え出ている。光と影の両方を含む全体性の実現の近さを感じさせるところがあるからである。

個性化のプロセスは、けっして人が幸せいっぱいになるための道ではない（Guggenbühl-Craig, 1979）。むしろ苦しみの道である。実際の臨床においても、この原則にかわりはない。クライエントの抱えている症状や問題が早く消失したり軽減したりするにこしたことはないが、より重要なのはそれらが持っている隠された目的を成就させることである。つまり、全体性の実現を。

目的の成就に近づけば、症状や問題は存在している理由を失う（Jung 1997）。そのとき、それらは、その人の大きな全体性のなかに取り込まれる。一見、否定的なものも排除することなく折衝を重ね、和解しうる一線を見つけて、ともに生をまっとうすることこそ、ほんとうの個性化である。個性化は「死と再生」の繰り返しから成っている。それゆえ、個性化に真剣に取り組めば取り組むほど、トラウマは不可避的に発生するだろう。しかし、私たちはその事態に対処できるはずである。生における変容には終わりがない。全体性の実現という目的地に向かってどこまでも変わり続ける。

# あとがき

本書では、一つの事例が厳然として存在することの重みにこだわりたかったので、Q師範にまつわるできごとだけを取り上げてきた。そのため、本文中ではふれることができなかったカール・グスタフ・ユングという稀有な事例について、ここで少し述べておきたい。Q師範の生や経験と質的に重なる部分があると思うからである。

ユングは身辺での神秘的な体験に事欠かない人物だった。自伝（Jung 1971/1987）から拾ってみると、たとえば、パン切りナイフが突然四つに割れたり、分厚いテーブルの天板が爆発音とともに割けたりしたという。学位論文では、優秀な霊媒だった従妹のことを取り上げた。ほかにも、十字軍の遠征帰りだという死者たちの霊が大挙して押しかけてきたり、亡くなったばかりの隣人との交感があったり、と枚挙に暇がない。

子どもの頃には、一時期、意識消失発作が頻発したほか、死体や屠殺に異様な関心を示した。無意識的な自殺衝動が高かったとみずから述べている。そして、自分には人格No.1（今現在の自信のない生徒）と人格No.2（一八世紀の威厳ある老人）があるという二重人格にも似た自覚を持っていて、孤独のなかでの濃密な空想や儀式的遊びによって葛藤を鎮めていた。

これには、母方の親族に霊感体質の者が多く、母親も二重人格傾向が顕著だった、という素因的（？）な要因が関係している可能性もあるが、両親の不和、母親の長期入院、ユング自身と父親との確執といった家族関係の暗部の影響もあっただろう。個人的な次元でのトラウマを抱えていたことが、さきほど述べた特徴的な性格傾向や神秘的体験につながった、と推測できる。

そのユングが個人的な心に焦点を当てた心理学や精神医学にはまったく飽きたらず、集合的、元型的な心を扱う深層心理学を切り開いていったことに注目したい。ユングから見ると、心理学や精神医学はほんとうの意味での心に関心を向けていないように感じられた。そこで扱われるのは、意識に近い、比較的浅い領域に限定されている。心理学は「学」となった時点で、本来持っていた心を失っていたのだった。

ユングは、集合的無意識と元型の存在を主張し、独自の深層心理学の体系を構築した。それは、心をあらかじめ失ってトラウマを負っていた心理学や精神医学を癒し、救済しようとする試みだったと言ってよい。Q師範の探求が個人的トラウマから元型的トラウマへと深まり、両者をつなぐコンプレックスの解消につながったのと似ている。ユングの場合、師範の武術に相当するのは「傷ついた治療者」的な臨床の実践、行に相当するのは生涯にわたる夢とアクティヴ・イマジネーションの自己分析だった。

ユングは共時性を提唱しようとする仕事をしていたとき、別荘の壁の石からトリックスターが見つめていることに気づいた。そして、その像を刻んだとき、その正体がわかったと感じ、呪縛に成功したと考えた。ところが、後日、そのときの仕事に若干の奇妙なミスがあることが判明し、訂正を余儀なくされた。「またしても一杯食わされていた」というのがユングの弁である（Jaffé 1977）。ちなみに、本文中でも述べたように、共時性は霊性を開く原理として働く。

ほかにも言っておきたいことはやまほどあるが、「あとがき」があまり長くなるのはいただけないので、ユングについては、また稿を改めて論じることにしよう。ここではただ、ユングというひとりの個人の事例が本書の内容を補ってくれることがわかってもらえれば充分である。

本書はQ師範からの惜しみない資料の提供があればこそ成り立った。衷心より感謝申し上げる。できれば、実際の術技のこと、直弟子の方々のこと、ご家族のことにもふれたかったが、師弟関係の問題、プライバシーの問題などがあり断念せざるをえなかった。その点には心残りがある。より適任の方にお任せしたい。また、わが師匠からは、不肖の弟子がこのような仕事に携わることに対して快諾をもらうことができた。深甚の感謝の気持ちを表したい。

遠見書房の山内俊介さんには、前著『身体系個性化の深層心理学』のとき以上にお世話になった。諸般の事情からいくぶん風変わりな書き方になる、ということを認めてもらえたのはありがたかった。はじめて企画を話したときには、なぜそうでなければならないのかうまく伝えられず、かなり困惑させてしまった。たしかに「キカク外のキカク」だったと思うが、初稿を見せたとき、構成について「もうそんなものは超えてしまっている感じです」と言ってもらって心の底から安堵した。この場を借りてお礼を申し上げたい。

五月雨が近い空気の匂いを感じつつ　著者識

平成二九年皐月

# 文献

（邦訳があるものはあげておくが、必ずしもここにあげた版が底本ではない）

秋庭裕・川端亮、2004、『霊能のリアリティへ——社会学、真如苑に入る』、新曜社.

Berceli, D., 2008, The revolutionary trauma release precess, Namaste Publishing.（山川紘矢・亜希子訳、2012、『人生を変えるトラウマ解放エクササイズ』、ＰＨＰ研究所.）

Callahan, R. J., 2000, Tapping the healer within: Using thought field therapy to instantly conquer your fears, anxieties, and emotional distress, Contemporary Books.（穂積由利子訳、2001、『〈思考場〉療法入門——タッピングで不安、うつ、恐怖症を取り除く』、春秋社.）

Cambray, J., 2009, Synchronicity: Nature & psyche in an interconnected universe, Texas A & M University Press.

大宮司信、1993、『憑依の精神病理——現代における憑依の臨床』、星和書店.

Franz, M.-L.von, 1981, Introduction, Hannah, B., Encounters with the soul: Active imagination as developed by C. G. Jung, pp.1-2, Sigo Press.（老松克博・角野善宏訳、2000、『アクティヴ・イマジネーションの世界——たましい

との出逢い』、創元社.）
Grand, D, 2013, Brainspotting: The revolutionary new therapy for rapid and effective change, Sounds True.
Guggenbühl-Craig, A., 1979, Die Ehe ist tot: Lang lebe die Ehe, Schweizer Spiegel Verlag.（樋口和彦・武田憲道訳、1982、『結婚の深層』、創元社.）
Hannah, B., 1981, Encounters with the soul: Active imagination as developed by C. G. Jung, Sigo Press.（老松克博・角野善宏訳、2000、『アクティヴ・イマジネーションの世界——たましいとの出逢い』、創元社.）
今泉定助、1938、『大祓講義』、大倉精神文化研究所.
井上亮、2006、『心理療法とシャーマニズム』、創元社.
石川勇一、2016、『修行の心理学——修験道、アマゾン・ネオ・シャーマニズム、そしてダンマへ』、コスモス・ライブラリー.
Jaffé, A., hrsg., 1977, C. G. Jung: Bild und Wort, Walter-Verlag.（氏原寛訳、1995、『ユングそのイメージとことば』、誠信書房.）
Johnson, R., 1986, Inner work: Using dreams and active imagination for personal growth, Harper & Row.
Jung, C. G., 1902, Zur Psychologie und Pathologie sogenannter okkulter Phänomene, Die Gesammelte Werke von C. G. Jung (GW), Bd. 1, Walter-Verlag, 1966.（宇野昌人・岩堀武司・山本淳訳、1982、『心霊現象の心理と病理』、法政大学出版局.）
Jung, C. G., 1906, Psychoanalyse und Assoziationsexperiment, GW2, Waler Verlag, 1979.（高尾浩幸訳、1993、「精神分析と連想検査」、『診断学的連想研究』、人文書院.）

Jung, C. G., 1912/1952, Symbole der Wandlung: Analyse des Vorspiels zu einer Schizophrenie, GW5, Walter-Verlag, 1973.（野村美紀子訳、1985、『変容の象徴——精神分裂病の前駆症状』、筑摩書房．）

Jung, C. G., 1916, Die transzendente Funktion, GW8, Walter-Verlag, 1967.（松代洋一訳、1985、「超越機能」、『創造する無意識』、朝日出版社．）

Jung, C. G., 1940, Psychologie und Religion, GW11, Walter Verlag, 1963.（村本詔司訳、1989、「心理学と宗教」、『心理学と宗教』、人文書院．）

Jung, C. G., 1942, Paracelsica: Zwei Vorlesungen über den Arzt und Philosophen Theophrastus, GW13/15, Walter-Verlag, 1978/1971.（榎木真吉訳、1992、『パラケルスス論』、みすず書房．）

Jung, C. G., 1944, Psychologie und Alchemie, GW12, Walter Verlag, 1972.（池田紘一・鎌田道生訳、1976、『心理学と錬金術Ⅰ／Ⅱ』、人文書院．）

Jung, C.G., 1946, Die Psychologie der Übertragung, GW16, Walter Verlag, 1958.（林道義・磯上恵子訳、1994、『転移の心理学』、みすず書房．）

Jung, C. G., 1948, Der Geist Mercurius, GW13, Walter-Verlag, 1978.（老松克博訳、近刊、『霊メルクリウス（仮）』、創元社．）

Jung, C. G., 1951b, Über Synchronizität, Eranos Jahrbuch 20-1951, 271-284, Eranos Foundation.（河合俊雄訳、1991、「共時性について」、E・ベンツほか著、山内貞夫ほか訳、『エラノス叢書2　時の現象学Ⅱ』、平凡社．）

Jung, C. G., Pauli, W., 1952, Naturerklärung und Psyche, Rascher Verlag.（河合隼雄・村上陽一郎訳、1976、『自然現象と心の構造——非因果的連関の原理』、海鳴社．）

Jung, C. G., 1954a, Der Philosophische Baum, GW13, Walter-Verlag, 1978.（老松克博監訳、工藤昌孝訳、2009『哲学の木』、創元社）
Jung, C. G., 1954b, Die Visionen des Zosimos, GW13, Walter-Verlag, 1978.（老松克博訳、近刊、『ゾシモスのヴィジョン（仮）』、創元社）
Jung, C. G., 1954c, Zur Psychologie der Tricksterfigur, GW9/I, Walter Verlag, 1976.（河合隼雄訳、1974「トリックスター像の心理」、P・ラディンほか著、皆河宗一ほか訳『トリックスター』、晶文社）
Jung, C. G., 1954d, Theoretische Überlegungen zum Wesen des Psychischen, GW8, Walter Verlag, 1967.
Jung, C. G., 1955/1956, Mysterium coniunctionis, GW14, Walter Verlag, 1968.（池田紘一訳、1995/2000『結合の神秘Ⅰ／Ⅱ』、人文書院）
Jung, C. G., Franz, M.-L. von, Henderson, J. L., Jacobi, J., Jaffé, A., 1964, Man and his symbols, Aldus Books.（河合隼雄監訳、1975『人間と象徴——無意識の世界　上／下』、河出書房新社）
Jung, C. G., 1968, Analytical psychology: Its theory and practice. The Tavistock lectures, Routledge & Kegan Paul.（小川捷之訳、1976『分析心理学』、みすず書房）
Jung, C. G., 1971/1987, Jaffé, A., hrsg., Erinnerungen, Träume, Gedanken, Walter-Verlag.（河合隼雄・藤縄昭・出井淑子訳、1972/1973『ユング自伝1／2』、みすず書房）
Jung, C. G., 1996, Shamdasani, S., ed., The psychology of Kundalini yoga: Notes of the seminar given in 1932 by C. G. Jung, Routledge, 1996.（老松克博訳、2004『クンダリニー・ヨーガの心理学』、創元社）
Jung, C. G., 1997, Douglas, C., ed., Visions: Notes of the seminar given in 1930-1934 by C. G. Jung, Princeton

University Press.（氏原寛・老松克博監訳、2009、角野善宏・川戸圓・宮野素子・山下雅也訳、『ヴィジョン・セミナー』、創元社.）

Jung, C. G., 2009, Shamdasani, S., hrsg. u. eingel., Das rote Buch: Liber Novus, Patmos.（河合俊雄監訳、田中康裕・高月玲子・猪俣剛訳、2010、『赤の書』、創元社.）

Kalsched, D, 1996, The inner world of trauma: Archetypal defenses of the personal spirit, Routledge.（豊田園子・千野美和子・高田夏子訳、2005、『トラウマの内なる世界——セルフケア防衛のはたらきと臨床』、新曜社.）

柏瀬宏隆、2004、『感応精神病』、新興医学出版社.

河合隼雄・湯浅泰雄・吉田敦彦、1983、『日本神話の思想——スサノヲ論』、ミネルヴァ書房.

木村敏、1980、「てんかんの存在構造」、木村敏編、1980、『てんかんの人間学』、東京大学出版会.

Krishna, G., 1967, Kundalini, Kundalini Reserch and Publication Trust.（中島巖訳、1980、『クンダリニー』、平河出版社.）

Levine, P. A., 1997, Waking the tiger: Healing trauma, North Atlantic Books.（藤原千枝子訳、2008、『心と身体をつなぐトラウマ・セラピー』、雲母書房.）

Levine, P. A., 2010, In an unspoken voice, North Atlantic Books.（池島良子・西村もゆ子・福井義一・牧野有可里訳、2016、『身体に閉じ込められたトラウマ——ソマティック・エクスペイエンシングによる最新のトラウマ・ケア』、星和書店.）

松延市次・松井健二（監修）、2003、『決定版　宮本武蔵全書』、弓立社.

宮田登、1985、『妖怪の民俗学——日本の見えない空間』、岩波書店.

Neumann, E., 1971, Ursprungsgeschichte des Bewustseins, Walter Verlag.（林道義訳、1984/85、『意識の起源史 上／下』、紀伊國屋書店.）

Ogden, P., Minton, K., Pain, C., 2006, Trauma and the body, W. W. Norton & Company, Inc..（日本ハコミ研究所訳、2012、『トラウマと身体——センサリーモーター・サイコセラピー（SP）の理論と実践』、星和書店.）

老松克博、1999、『スサノオ神話でよむ日本人——臨床神話学のこころみ』、講談社選書メチエ.

老松克博、2000、『アクティヴ・イマジネーション——ユング派最強の技法の誕生と展開』、誠信書房.

老松克博、2001、『サトル・ボディのユング心理学』、トランスビュー.

老松克博、2004a、『無意識と出会う』（アクティヴ・イマジネーションの理論と実践①）、トランスビュー.

老松克博、2004b、『成長する心』（アクティヴ・イマジネーションの理論と実践②）、トランスビュー.

老松克博、2004c、『元型的イメージとの対話』（アクティヴ・イマジネーションの理論と実践③）、トランスビュー.

老松克博、2010、「二重見当識のあわいで——訳者解説にかえて」、H・P・ブラヴァツキー著、老松克博訳、『ベールをとったイシス 第1巻 科学 上』、竜王文庫.

老松克博、2011、『ユング的悩み解消術——実践！モバイル・イマジネーション』、平凡社.

老松克博、2014、『人格系と発達系——〈対話〉の深層心理学』、講談社選書メチエ.

老松克博、2016a、『身体系個性化の深層心理学——あるアスリートのプロセスと対座する』、遠見書房.

老松克博、2016b、『共時性の深層——ユング心理学が開く霊性への扉』、コスモス・ライブラリー.

大月康義、2011、『語る記憶——解離と語りの文化精神医学』、金剛出版.

Otto, R., 1917, Das Heilige: Über das Irrationale in der Idee des Göttlichen und sein Verhaltnis zum Rationalen,

Trewendt & Granier.（久松英二訳、2010、『聖なるもの』、岩波文庫）
Salman, S., 1986, The horned god: Masculine dynamics of power and soul, Quadrant, Fall: 7-25.
寒川恒夫、2017、『近代日本を創った身体』、大修館書店.
Sedgwick, D., 1994, The wounded healer: Countertransference from a Jungian perspective, Routledge.（鈴木龍訳、1998、『ユング派と逆転移――癒し手の傷つきを通して』、培風館.）
關文威、2009、『鹿島神傳武術』、杏林書院.
Shapiro, F., 1995/2001, Eye movement desensitization and reprocessing: Basic principles, protocols and precedures, Guilford Pr.（市井雅哉監訳、2004、『EMDR 外傷記憶を処理する心理療法』、二瓶社.）
柴山雅俊、2017、『解離の舞台――症状構造と治療』、金剛出版.
島薗進、1992、「宗教理解と客観性」、宗教社会学研究会編、『いま宗教をどうとらえるか』、海鳴社.
Spiegelman, J. M., 河合隼雄、1994、町沢静夫・森文彦訳、『能動的想像法――内なる魂との対話』、創元社.
田原亮演、1999、『行に生きる――密教行者の体験日記』、東方出版.
高畑直彦・七田博文・内潟一郎、1994、『憑依と精神病――精神病理学的・文化精神医学的検討』、北海道大学図書刊行会.
沢庵宗彭、池田諭訳、1970、『不動智神妙録』、徳間書店.
東畑開人、2015、『野の医者は笑う――心の治療とは何か？』、誠信書房.
津城寛文、1990、『鎮魂行法論――近代神道世界の霊魂論と身体論』、春秋社.
Woodroffe, J. (pseudonym, Avalon, A.), 1919, The serpent power, Ganesh & Co.

柳田國男、1940、「妹の力」、『柳田國男全集11』、ちくま文庫、1990.

老松克博（おいまつ・かつひろ）
1984 年，鳥取大学医学部卒業。1992 ～ 95 年，チューリッヒ・ユング研究所留学。現在，大阪大学大学院人間科学研究科教授。ユング派分析家。博士（医学）。へたの横好きで，いくつかの武道・武術を嗜む。
著書：『身体系個性化の深層心理学』（遠見書房），『共時性の深層』（コスモス・ライブラリー），『人格系と発達系』『スサノオ神話でよむ日本人』（講談社），『ユング的悩み解消術』（平凡社），『無意識と出会う』『成長する心』『元型的イメージとの対話』（トランスビュー），ほか。
訳書：ユング『ヴィジョン・セミナー』『哲学の木』『クンダリニー・ヨーガの心理学』（創元社），ブラヴァツキー『ベールをとったイシス』（竜王文庫），ほか。

武術家（ぶじゅつか）、身（しん）・心（しん）・霊（れい）を行（ぎょう）ず
ユング心理学からみた極限体験・殺傷のなかの救済
2017年10月10日　初版
2018年 7 月10日　2刷

著　者　老松克博（おいまつかつひろ）
発行人　山内俊介
発行所　遠見書房

遠見書房
〒181-0002 東京都三鷹市牟礼 6-24-12
三鷹ナショナルコート 004
TEL 050-3735-8185 FAX 050-3488-3894
tomi@tomishobo.com　http://tomishobo.com
郵便振替　00120-4-585728

ISBN978-4-86616-037-5　C3011